中等职业教育国家规划教材
全国中等职业教育教材审定委员会审定

Qiche Shiyong Xingneng yu Jiance

汽车使用性能与检测

第4版

杨益明　郭　彬　主　编

文爱民　主　审

人民交通出版社股份有限公司
北　京

内 容 提 要

本书是中等职业教育国家规划教材。本书主要内容包括汽车使用性能及检测技术认知、汽车动力性认知、汽车燃油经济性认知、汽车行驶安全性检测、汽车的舒适性和通过性认知、汽车前照灯和车速表检测、汽车排放与噪声检测、汽车的合理使用8个项目,共计21个学习任务。

本书可作为中等职业学校汽车运用与维修专业教学用书,也可供汽车检测、维修人员学习参考。

图书在版编目(CIP)数据

汽车使用性能与检测/杨益明,郭彬主编. —4 版
. —北京:人民交通出版社股份有限公司,2021.10
  ISBN 978-7-114-17518-3

  Ⅰ.①汽… Ⅱ.①杨…②郭… Ⅲ.①汽车—性能检
测—中等专业学校—教材 Ⅳ.①U472.9

  中国版本图书馆 CIP 数据核字(2021)第 184023 号

书 名:**汽车使用性能与检测**(第 4 版)
著 作 者:杨益明 郭 彬
责 任 编 辑:时 旭
责 任 校 对:孙国靖 扈 婕
责 任 印 制:刘高彤
出 版 发 行:人民交通出版社股份有限公司
地 址:(100011)北京市朝阳区安定门外外馆斜街 3 号
网 址:http://www.ccpcl.com.cn
销 售 电 话:(010)59757973
总 经 销:人民交通出版社股份有限公司发行部
经 销:各地新华书店
印 刷:北京市密东印刷有限公司
开 本:787×1092 1/16
印 张:13.75
字 数:270 千
版 次:2002 年 7 月 第 1 版
    2011 年 4 月 第 2 版
    2016 年 4 月 第 3 版
    2021 年 10 月 第 4 版
印 次:2024 年 5 月 第 4 版 第 3 次印刷 总第 27 次印刷
书 号:ISBN 978-7-114-17518-3
定 价:36.00 元

(有印刷、装订质量问题的图书,由本公司负责调换)

第4版前言
QIANYAN

本套中等职业教育国家规划教材,自 2002 年首次出版以来,获得师生的一致好评,被国内多所中等职业院校选为教学用书;人民交通出版社股份有限公司分别于 2011 年和 2016 年对教材进行了修订,使之在结构和内容上与教学内容更加吻合,更注重对学生实践能力的培养。

为了更好地体现"以行业需求为导向、以能力为本位"的职业教育理念,促进"教、学、做"更好结合,突出对学生技能的培养,使之成为技能型人才,故人民交通出版社股份有限公司组织相关老师再次对本套教材进行了修订。本次教材的修订,吸收了教材使用院校教师的意见和建议,经过与编者的认真研究和讨论,确定了修订方案。

《汽车使用性能与检测》的修订工作,是以本书第 3 版为基础,在修订方案的指导下完成的。修订内容主要体现在以下几个方面:

(1)更新了标准限值和检测方法。

(2)介绍了乘用车燃料消耗量第五阶段标准内容。

(3)解读了国六排放标准,并就实施情况和影响因素做了说明及分析。

(4)更新部分图片,并纠正原版教材中的错误。

本教材由南京交通职业技术学院杨益明、郭彬担任主编。项目 1 至项目 3 由杨益明编写,项目 4 至项目 8 由郭彬编写。全书由南京交通职业技术学院文爱民担任主审。

限于编者水平,书中难免有疏漏和错误之处,恳请广大读者提出宝贵建议,以便进一步修改和完善。

编 者
2021 年 7 月

目　录

MULU

项目 1

汽车使用性能及检测技术认知

学习任务 1　汽车使用性能与检测技术认知

学习目标

1. 了解汽车使用性能及评价指标；
2. 了解国内外汽车性能检测技术发展历史及趋势。

一、任务分析

随着社会汽车保有量的急剧增加，如何正确、安全和有效地使用车辆，已成为现代人必须面对的一个问题。作为汽车检测维修行业的从业人员，更应该了解汽车各方面的使用性能以及汽车检测技术的相关知识。本任务从汽车使用性能的涵盖要素出发，介绍汽车性能评价参数和汽车检测技术等知识。

二、相关知识

1　汽车的使用性能

汽车的主要使用性能有动力性、燃油经济性、制动性、操纵稳定性、通过性、舒适性等。

1）汽车的动力性

汽车的动力性表示汽车克服行驶阻力，达到高的平均行驶速度的能力。它的评价指标主要有汽车的最高车速、汽车的加速性能和汽车的爬坡能力。

2）汽车的燃油经济性

汽车的燃油经济性表示汽车以尽量少的燃料消耗量经济行驶的能力。它的评价指标主要有等速百千米燃料消耗量、等速吨百千米燃料消耗量和循环行驶试验工况百千米燃料消耗量。

3）汽车的制动性

汽车的制动性表示汽车能在短时间内迅速降低车速直至停车并保持方向稳定的能力。制动效能是汽车的制动性最基本的评价指标,另外还有制动效能的恒定性、制动时汽车的方向稳定性。

4）汽车的操纵稳定性

汽车的操纵稳定性包括互相联系的两个内容:一个是操纵性,另一个是稳定性。操纵性表示汽车能及时而准确按照驾驶人的指令行驶的能力;稳定性是指汽车抵抗外界干扰保持稳定行驶的能力。

有时将汽车的制动性和操纵稳定性合称为行驶安全性。

5）汽车的通过性

汽车的通过性表示汽车能以足够高的平均速度通过各种坏路和障碍物的能力。它主要通过最小离地间隙、接近角、离去角、最小转弯半径等几何参数来表示。

6）汽车的舒适性

汽车的舒适性是表示汽车行驶时对乘员身心影响的程度。它主要取决于行驶平顺性、噪声、空气调节和居住性等。

此外,汽车排放的废气和产生的噪声,严重地影响了人类的生存环境,影响人类的健康。因此,监督并检查汽车废气污染物的浓度和噪声级,已成为汽车检测项目中不可缺少的部分。

2 汽车检测技术概述

汽车检测技术是伴随着汽车技术的发展而发展的。在汽车发展的早期,人们主要是通过有经验的维修人员发现汽车的故障并做有针对性的修理,即过去人们常讲的"望"(眼看)、"闻"(鼻闻)、"听"(耳听)、"切"(手摸)方式。随着现代科学技术的进步,特别是计算机技术的进步,汽车检测技术也飞速发展。目前人们已能依靠各种先进的仪器设备,对汽车进行不解体检测,而且安全、迅速、准确。

1）国外汽车检测技术发展概况

汽车检测技术是从无到有逐步发展起来的。早在20世纪50年代,一些工业发达国家就形成以故障诊断和性能调试为主的单项检测技术并生产单项检测设备,如发动机分析仪、发动机点火系统故障诊断仪和汽车道路试验速度分析仪等。20世纪60年代后期,国外汽车检测诊断技术发展很快,并且大量应用电子、光学、理化与机械相结合的光机电、理化机电一体化检测技术。例如:非接触式车速仪、前照灯检测仪、车轮定位仪、排气分析仪等都是光机电、理化机电一体化的检测设备。

20 世纪 70 年代以来,随着计算机技术的发展,出现了汽车检测诊断、数据采集处理自动化、检测结果直接打印等功能的汽车性能检测仪器和设备。在此基础上,各工业发达国家相继建立了汽车检测站,在汽车检测管理上已实现了"制度化";在检测基础技术方面已实现了"标准化";在检测技术上向"智能化、自动化检测"方向发展。

工业发达国家的汽车检测都有一整套的标准。判断受检汽车技术状况是否良好,是以标准中规定的数据为准则,检查结果以数字显示。除对检测结果有严格完整的标准以外,国外对检测设备也规定了相应的标准,如检测设备的检测性能、具体结构、检测精度等都有相应标准。对检测设备的使用周期、技术更新等也有具体要求。

随着科学技术的进步,国外汽车检测设备在智能化、自动化、精密化、综合化方面都有新的发展,出现了全自动功能汽车制动检测仪、全自动前照灯检测仪、发动机分析仪、发动机诊断仪、计算机四轮定位仪等检测设备。

进入 20 世纪 80 年代,计算机技术在汽车检测技术领域的应用进一步发展,已出现集检测工艺、操作、数据采集和打印、存储、显示等功能于一体的系统软件,使汽车检测线实现了全自动化,这样不仅可避免人为的判断错误,提高检测准确性,而且可以把受检汽车的技术状况储存在计算机中,既可作为下次检测的参考,还可供处理交通事故参考。

2)我国汽车检测技术发展概况

我国汽车检测技术的研究从 20 世纪 60 年代开始,在 20 世纪 70 年代得到了大力发展,汽车不解体检测技术及设备被列为国家科学技术委员会的开发应用项目。国家在"六五"期间重点推广了汽车检测与诊断技术。20 世纪 80 年代,交通部主持研制开发了汽车制动试验台、侧滑试验台、轴(轮)重仪、速度试验台、灯光检测仪、发动机综合分析仪、底盘测功机等。

20 世纪 80 年代初,交通部在大连市建立了国内第一个汽车检测站。从工艺上提出将各种单台检测设备安装联线,构成功能齐全的汽车检测线,其检测纲领为 30000 辆次/年。继大连检测站之后,交通部先后要求 10 多个省、自治区、直辖市交通厅(局)筹建汽车检测站的任务。20 世纪 80 年代中期,汽车监测由公安部主管,公安部在交通部建设汽车检测站基础上,进行了推广和发展,1987 年颁布了国家标准《机动车运行安全技术条件》(GB 7258—1987)。仅 1990 年底统计,全国已有汽车安全检测站600多个,形成了全国的汽车检测网。

1990年,交通部发布第13号部令《汽车运输业车辆技术管理规定》,1991年交通部发布第29号部令《汽车运输业车辆综合性能检测站管理办法》,随后全国又掀起了建设汽车综合性能检测站的高潮。到2015年,全国已建立汽车综合性能检测站2524家。

与此同时,汽车的检测技术和设备也得到了大力发展。目前全国生产汽车综合性能检测设备的厂家已能生产全套汽车检测设备,如大型的技术复杂的汽车底盘测功机、发动机综合分析仪、四轮定位仪、悬架检验台、制动检验台、排气分析仪灯光检验仪等。

3)我国汽车综合性能检测技术的发展方向

我国汽车综合性能检测经历了从无到有、从小到大、从单一性能检测到综合性能检测的发展过程,取得了很大的进步,尤其是检测设备的研制生产,缩小了我国与先进国家的差距。如今,汽车检测中通用的制动试验台、侧滑试验台、底盘测功机等,国内已自给有余,而且结构形式多样。但与世界先进水平相比,我国汽车检测技术要赶超世界先进水平,应该从汽车检测技术基础规范化、汽车检测设备智能化和汽车检测管理网络化等方面进行研究和发展。

(1)汽车检测技术基础规范化。我国检测技术发展过程中,普遍重视硬件技术,忽略或是轻视了检测方法、限值标准等基础性技术的研究。随着检测手段的完善,与硬件相配套的检测技术软件将进一步完善。今后,我国将重点放在制定和完善汽车各检测项目的检测方法和限值标准;制定营运汽车技术状况检测评定细则,统一规范全国各地的检测要求及操作技术;制定用于综合性能检测站的大型检测设备的形式认证规则,以保证综合性能检测站履行其职责。

(2)汽车检测设备智能化。目前国外的汽车检测设备已大量应用光、机、电一体化技术,并采用计算机测控,有些检测设备具有专家系统和智能化功能,能对汽车技术状况进行检测,并能诊断出汽车故障发生的部位和原因,引导维修人员迅速排除故障。我国目前的汽车检测设备在采用专家系统和智能化诊断方面与国外相比还存在较大差距。如四轮定位检测系统、电喷发动机综合检测仪等,还主要依靠进口。今后,我国要在汽车检测设备智能化方面加快发展速度。

(3)汽车检测管理网络化。目前我国的汽车综合性能检测站部分已实现了计算机管理系统检测,虽然计算机管理系统检测采用计算机测控,但各个站的计算机测控方式千差万别。采用计算机网络系统技术的,也仅是一个站内部实现了网络化。随着技术和管理的进步,今后汽车检测将实现真正的网络化(局域网),从而做到信息资源共享、硬件资源共享、软件资源共享。在此基础上,利用信息高速公路将全国的汽车综合性能检测站连成一个广域网,使上级交通管理部门可以及时了解各地区车辆状况。

三、任务实施

从4S店或杂志、网上找三种不同车型的汽车参数表,找出其动力性、经济性、制动性、操纵稳定性及通过性等基本参数,比较它们性能的优劣。

学习测试

1. 汽车有哪些使用性能?

2. 何谓汽车检测?汽车检测的目的是什么?

3. 现代汽车检测的方法与过去的汽车检测方法有何不同?试述国内外汽车检测技术现状。

学习任务2　汽车性能检测站认识

学习目标

1. 正确理解我国汽车检测的管理规定;

2. 熟悉汽车性能检测站的类型、工位设置及工艺布局;

3. 了解计算机技术在汽车检测站的应用;

4. 初步具有使用汽车性能检测线进行安全环保检测的能力;

5. 初步具有汽车性能检测站管理的能力。

一、任务分析

随着制造业和交通运输业的迅速发展,汽车工业已成为当今国民经济中的一大支柱产业,同时汽车保有量越来越大。用现代、科学、快速、定量、准确和全面的手段检测并诊断汽车的技术状况,是保证汽车能更好地发挥动力性、经济性、安全性、排放性、平顺性、操纵稳定性、可靠性等的重要手段。对汽车的不解体检测、诊断,大都是在汽车性能检测站的检测线上实施的。

二、相关知识

1 汽车检测制度

随着我国汽车制造业和公路交通运输业的迅猛发展,人们对汽车检测诊断技术和设备的需求也与日俱增。如何保证车辆快速、经济、灵活地运行,并尽可能地不造成社会公害等问题,已逐渐提到政府有关部门的议事日程,因而对汽车的技术管理就显得越来越重要。

1987年,公安部颁布了国家标准《机动车运行安全技术条件》(GB 7258—1987),1997年、2004年、2012年、2017年对此标准又作了修订。本标准规定了机动车的整车及发动机、转向系统、制动系统、照明与信号装置、行驶系统、传动系统、车身、安全防护装置等有关运行安全和排气污染物排放控制、车内噪声和驾驶人耳旁噪声控制的基本技术要求及检验方法。

根据此规定,在全国相应建立了安全环保检测站,负责对在我国道路上行驶的机动车进行定期的安全环保检测。检查的项目主要有外观、侧滑、制动、车速表、灯光、废气排放和噪声,并对检测的项目、要求、标准、设备及方法进行了统一的规范。安全环保检测站由公安部门管理,检测结果作为发放或吊扣车辆行驶证的依据。

为加强道路运输车辆技术管理,保持车辆技术状况良好,保证运输安全,发挥车辆效能,促进节能减排,保障道路运输业健康可持续发展,交通运输部于2015年7月1日对1990年发布的13号部令《汽车运输业车辆动技术管理规定》作了修订,2016年1月22日发布了关于《道路运输车辆技术管理规定》(交通运输部令2016年第1号)。凡是从事道路运输经营、道路运输车辆维修、综合性能检测业务的,以及对其实施监督管理的相关单位和人员,应当遵守该规定。

该规定要求道路运输车辆技术管理应坚持分类管理、预防为主、安全高效、节能环保、技术与经济相结合的原则,对车辆实行择优选配、正确使用、周期维护、视情修理、定期检测、适时更新的全过程管理。道路运输经营者应定期对道路运输车辆进行综合性能检测,确保车辆达到相应的技术等级要求。道路运输车辆综合性能检测和技术等级评定由汽车综合性能检测机构负责实施。运输车辆只有在认定的汽车综合性能检测站通过了检测后,才能从事汽车的营运。检测诊断的主要内容包括汽车的安全性(制动、侧滑、转向、前照灯等)、可靠性(异响、磨损、变形、裂纹等)、动力性(车速、加速能力、底盘输出功率、发动机功率、燃油供给系统和点火系统故障等)、经济性(燃油消耗)、噪声和废气排放状况等。

2 汽车检测站

汽车检测站是综合运用现代检测技术、电子技术、计算机应用技术,对汽车实施不解体检测、诊断的企业。它具有能在室内检测出车辆的各种性能参数、诊断出可能出现故障的状况等功能,可为全面、准确评价汽车的使用性能和技术状况提供可靠依据。

1)汽车检测站的类型

按服务对象不同,汽车检测站可分为汽车安全环保检测站和汽车综合性能检测站。

汽车安全环保检测站是一种专门从事定期检查运行车辆是否符合有关安全技术标准和防止公害等法规的规定,执行监督任务的检测站,由公安部门管理。为配合国家颁布的《机动车运行安全技术条件》(GB 7258—2017),机动车安全环保检测站设置的检测线一般具有以下检测项目:

(1)外观检查(包括车底检查);

(2)前照灯光束及配光检查;

(3)前轮侧滑量检测;

(4)车速表校验;

(5)制动性能检查;

(6)废气排放检测(汽油机主要检查排放的 CO 与 HC 的含量,柴油机主要检查排放的烟度);

(7)噪声大小和喇叭音量检测。

汽车综合性能检测站既能承担车辆动力性、经济性、可靠性和安全环保管理等方面的检测,又能承担车辆维修质量的检测以及在用车辆技术状况的检测评定,还能承担科研、教学方面的性能试验和参数测试,能为汽车使用、维修、教学、设计、制造等部门提供可靠的技术数据。

汽车综合性能检测站一般由两条线组成:一条是安全环保检测线,另一条是综合性能检测线。汽车综合性能检测站检测项目既保留了安全环保的检测项目,又增加了汽车动力性、经济性、可靠性等内容,同时还加入了一些诊断功能,如发动机故障诊断、前轮定位故障诊断等。

2)汽车综合性能检测站的工艺布局

汽车综合性能检测站的功能包括汽车的安全环保、动力性、经济性和可靠性等检测,其工艺设计布局通常可分为双线综合式、单线综合式和工位综合式 3 种。

双线综合式——安全环保检测项目设计布置为一条线,其动力性、经济性、可靠性检测项目设计布置成另一条线。两条并列的检测线工艺布局特点是:安全环保项目检测可单独进入一条线检测。采用这种布局所检项目比较单一,工位停留时较短,各工位的连接及工艺节拍性好,有较好的工艺调整和组合能力。

单线综合式——综合性能检测的所有项目及设备均布局在一条直线的各个工位上,各个工位检测项目与设备布局的组合是多种形式的。单线综合式因检测项目的不同或设备功能的不同,而使工位停留时间长短不一,这是单线综合式工艺布局的一大困难。

工位综合式——把各检测项目及设备按几个组合工位进行排列的工艺布局方式。例如:分为检测和诊断两大部分进行工艺布置。在大型综合性能检测站的工艺布局中,也有按车间布置综合式的方案,即安全环保检测车间、动力性经济性检测车间、可靠性检测车间等。这种按检测项目划分检测车间可并行排列,也可以 U 形排列布局。

汽车综合性能检测站的工艺布局与检测站规模大小、检测设备的功能多少等因素有直接关系,在实际工作中可根据具体要求进行布局。在检测工艺设备平面布置设计上注意以下 3 点:

(1)尽可能采用直通、顺序检测方式。车辆排放检测在车间入口,排污较大的检测项目靠近大门,并在主风向的下风位,减少车间内部污染。前照灯检测布置于车间中央,避免因阳光照射引起检测误差。

(2)应考虑每个工位的检测的等时性,即各工位检测时间大体上相等,后面工位比前面工位检测的时间短一些,以保证线上检测车辆顺畅。

(3)在空间布置上要合理,保证绝大部分车型占地面积小,不会发生空间上的干涉。

总之,任何一种工艺布局,都应遵循合理、科学、适用的原则,从而达到满足汽车综合性能检测工作的需要。

3)汽车综合性能检测站的工位设置

为提高检测线的工作效率,全自动汽车检测线可将所有检测项目分为 3 ~ 5 个工位。每个工位可以同时有一辆车被检测,检测的时间应接近。检测顺序和工位布置设计时应考虑以全线综合效率最高,所需人员最少,以及对现场的污染最小为原则。

图 1-1 是典型汽车综合性能检测站的平面布置图,该检测站有两条检测线,安全线选用 3 工位,排列布局如下。

第一工位:汽车外观、速度表、废气。

第二工位:称重、制动、踏板力。

第三工位:灯光、声级、侧滑。

图1-1 典型汽车综合性能检测线的平面布置图(单位:mm)

1-废气分析仪;2-烟度计;3-速度表检测台;4-称重台;5-制动试验台;6-踏板力计;7-侧滑检验台;8-地沟;9-声级计;10-灯光仪;11-侧滑检验台;12-主控室;13-底盘间隙检查仪;14-地沟;15-转向力测量计;16-车轮定位仪;17-传动系游隙测量仪;18-油质分析仪;19-不解体探伤仪;20-车轮动平衡机;21-汽缸漏气量测量仪;22-曲轴箱串气量;23-发动机综合分析仪;24-转角仪;25-电缆沟;26-油耗计;27-仪表;28-底盘测功机;29-登录室

综合检测线在安全检测线上增加了3个工位。

第四工位:底盘测功仪、油耗仪。

第五工位:发动机电脑分析仪。

第六工位:前轮转角、前轮定位。

这种工位布置兼顾了时间、空间和环保的最佳要求,保证了检测线的最高效率,用户还可以自行调节检测节拍。

4)汽车检测站的计算机应用概述

计算机应用技术在全自动汽车检测站管理中的作用已是众所周知。将计算机技术应用于汽车检测,称为全自动汽车检测系统,又称为计算机管理系统。它由硬件和软件两部分组成,硬件部分由计算机和辅助设备组成,计算机又因使用功能不同可分为申报机、工位测控机、主控机等。辅助设备有显示屏、稳压电源、程序提示显示器、光电开关、模拟转换等设备。软件部分则有检测程序,数据采集程序,数据库、打印、存储、检索程序,设备标定程序,检测标准设备及判定程序,系统自检及诊断程序等。系统软件功能还可根据具体需要而增加,例如互联网及通信软件等。

计算机控制系统的控制方式一般有集中式和分级式等。

集中式控制方式除登录资料由一台计算机(单板机)完成外,全线的检测流程、数据采集、处理、判定、显示、打印、存储等均由一台主控计算机来完成。这种方式的优点是结构简单、价格低;缺点是主控计算机负担重、可靠性差、发生故障时易造成全线停工。

分级式控制方式一般采用二级分布方式。一级为测控工位控制,各工位分布有工位计算机来完成本工位的控制、数据采集处理和通信等任务;二级具有排列检测程序,全线调度、汇总综合判定、打印结果和存储管理数据库等管理。

20世纪90年代中期,计算机网络技术逐步应用到汽车性能检测站中,各检测站陆续装备了"汽车综合性能检测站计算机测控、管理网络系统"。该系统包括登录子系统、测控子系统、监控子系统、性能检测子系统、业务管理子系统、财务管理子系统及其他辅助子系统等。运用现代通信网络技术,将这些系统连接成一个局域网,用于实现汽车综合性能检测站的全自动检测、管理、财务结算等。各检测站可根据自己的规模、经济成本等条件,合理地选择计算机测控、管理方式。

三、任务实施

国产5工位全自动安全环保检测线如图1-2所示。5工位一般是汽车资料输入及安全装置检查工位、侧滑制动车速表工位、灯光尾气工位、车底检查工位、综合判定及主控制室工位。安全环保检测线不管工位如何划分,也不管工位顺序如何编排,其检测项目是固定的,因而均布置成直线通道式,以利于进行流水作业。

检测流程,即某一汽车接受检测的全过程,以目前国内大多数检测站所采用的设备(图1-2)检测线布置为例进行说明。检测方法所依据的标准是目前现行的《机动车运行安全技术条件》(GB 7258—2017)。应该指出,国内有些检测站采用了平板式制动试验台取代图中滚筒式制动试验台,或依据其他标准进行检测,其检测过程和方法都可能与此不同。

1 受检车辆上线前的准备

(1)确认工控机都已打开,并且连接正常。

(2)登录程序打开控制界面。

(3)填写车辆数据,如图1-3所示。

(4)检查无误发送数据。

图1-2　国产5工位全自动安全环保检测线

1-进线指示灯;2-烟度计;3-汽车资料登录计算机;4-安全装置检查不合格项目输入键盘;5-烟度计检验程序指示器;6-电视摄像机;7-制动试验台;8-侧滑试验台;9-车速表试验台;10-废气分析仪;11-前照灯检测仪;12-车底检查工位;13-主控制室;14-车速表检测申报开关;15-检验程序指示器

图1-3　车辆数据表

2 汽车检测流程

1) 第一工位——上部外观安全装置检查工位

受检车辆根据 LED(Light Emitted Diode,发光二极管)工位指示器提示,驶入第一工位进行汽车上部的灯光和安全装置的外观检查(Lamps and Safety Device Inspection),可简称为 L 工位。汽车上部外观检查项目见表 1-1。

汽车上部外观检查项目   表 1-1

序 号	检 查 项 目	序 号	检 查 项 目
1	远光灯	16	离合器、变速器
2	近光灯	17	制动踏板自由行程
3	制动灯	18	转向器自由转动量
4	倒车灯	19	驻车制动操纵杆
5	牌照灯	20	油箱、加油口盖
6	示廓灯、辅助灯、标志灯	21	挡泥板
7	室内灯	22	防护网及连接装置
8	车厢、座位	23	电器导线
9	车门、车窗	24	起动机
10	车身、漆面	25	发电机、蓄电池
11	后视镜、下视镜、侧视镜	26	灭火器
12	风窗玻璃	27	仪表、仪表灯
13	刮水器	28	机油压力报警器
14	喇叭	29	半轴螺栓
15	轮胎、轮胎螺栓	30	座椅安全带

2) 第二工位——侧滑制动车速表工位

第一工位检查完毕后,根据 LED 工位指示器提示,受检车辆驶入第二工位进行侧滑制动车速表检测。本工位由侧滑检测(Alignment Inspection)、轴重检测(Weight Inspection)、制动检测(Brake Test)和车速表检测(Speedmeter Test)组成,简称 ABS 工位。

受检车进入第二工位后,若是一般后驱动、后驻车制动(驻车制动作用在后轮)的车,按以下程序进行:

(1)侧滑检测。让汽车低速驶过侧滑试验台,此时不可转动转向盘。通过后,第二指示器即可显示侧滑检测结果。

(2)将前轮驶上轴重仪测量前轴重,将前轮驶上制动试验台测量前轴制动力。按工位指示器的提示,将制动踏板踩到底,即可测得前轴制动效果。此时指示器会显示出检测结果,若不合格,允许重测一次。

(3)后制动检测时,将后轮驶上制动试验台,按指示器的提示踩住制动踏板。指示器会显示后制动结果,若不合格,允许重测一次。

(4)测量驻车制动方法与测量前、后轮制动相同。可按指示器的提示拉住驻车制动操纵杆。若不合格,允许重测一次。

(5)车速表校验时,将后轮驶上车速表试验台,驾驶人手持测试按钮,轻踩加速踏板,当车速表指示40km/h时按下测试按钮。指示器可显示检测结果,若不合格,允许重测一次。测完后松开加速踏板,使车轮停转。

(6)喇叭音量或噪声测试时,按提示要求按喇叭约2s,或按要求测量车内噪声。测完后,指示器会显示检测结果。

注意:检测顺序与驱动轮的位置和驻车制动器安装位置有关。处理的原则是测完前轮的项目之后,再测后轮的项目,以免车辆倒退。

3)第三工位——灯光尾气工位

本工位主要由前照灯检测(Head Light Test)、排气检测(Exhaust Gas Test)、烟度检测(Diesel Smoke Test)和喇叭声级检测(Noise Test)组成,简称HX工位。

受检车进入该工位后,按以下步骤操作:

(1)将汽车停在与前照灯检测仪一定距离(3m)处,面向正前方,前照灯仪会自动驶入,分别测量左右灯远光的发光强度和照射方向。检测结果会在工位指示器上显示。

(2)按指示器要求检测废气或烟度。测废气时,令发动机处于怠速状态,将探头插入排气管,几秒之后指示器即显示检测结果。测烟度时,应在发动机怠速状态下,将加速踏板迅速踩到底,几秒之后指示器也会显示检测结果。烟度检测要求测3次,取平均值。

此时若第四工位无车,指示器会提示,令受检车进入第四工位。

4)第四工位——车底检查工位

车底检查(Pit Inspection)工位,简称为P工位。此工位以人工方式检查车底情况,如部件连接是否牢固,有无变形、断裂,水、电、油、气有无泄漏等。检测人员通过对讲机或自制的按钮板等设备,将结果送至主控计算机。车底检查项目见表1-2。

车 底 检 查 项 目　　　　　表1-2

序　　号	检 查 项 目	序　　号	检 查 项 目
1	发动机及其连接	16	油路、气路、电路
2	车架	17	储气筒
3	前梁	18	传动轴、万向节、伸缩节
4	转向器的转向轴及其万向节	19	中间支撑
5	转向器支架	20	离合器及操纵机构
6	转向垂臂	21	变速器
7	转向器	22	主传动器
8	转向主销及其轴承	23	减振器
9	纵横拉杆	24	钢板弹簧夹及U形螺栓
10	前悬架连接	25	排气管及消声器
11	前吊耳销	26	制动系拉杆、驻车制动器
12	后悬架连接	27	后桥壳
13	后吊耳销	28	缓冲器、保险杠、牵引钩
14	各部杆系	29	漏油、漏水、漏气、漏电
15	各种软管	30	油箱、蓄电池等的固定

5)综合判定及主控制室工位

汽车到达本工位时检测项目已全部检测完毕,主控制计算机对各工位检测结果进行综合判定后,由打印机集中打印检测结果报告单,并由检测长送给被检车汽车驾驶人。检验报告的样式见表1-3。

重要提示:《中华人民共和国道路交通安全法》规定,上道路行驶的机动车未放置有效检验合格标志的,公安机关交通管理部门将扣留机动车并处以罚款。检验合格后请及时到公安机关交通管理部门办理相关手续并领取检验合格标志,有不合格建议维护项时,请及时调修车辆。

机动车安全技术检验报告（正面）

表1-3

代号：×××　　　检验日期：×××××　　检验流水号：×××　　　资格许可证号：××××

号牌（自编）号		所有人	
号牌种类		车辆类型	品牌/型号
VIN（出厂编号）		发动机号	燃料类别
驱动类型		驻车轴	转向轴悬架形式
前照灯制		前照灯远光光束能否单独调整	
初次登记日期		出厂年月	里程表读数
检测类别		检验项目	登录员　　　引车员

代号	台试检测项目	轮(轴)荷(kg) 左 / 右	最大制动力(10N) 左 / 右	过程差值最大差值点(10N) 左 / 右	制动率（%）	不平衡率（%）	阻滞率（%） 左 / 右	项目判定	单项次数
B 制动	1轴								
	2轴								
	3轴								
	4轴								
	驻车								
	整车								

动态轮荷（左/右）(kg)	1轴	2轴	3轴	4轴
	/	/	/	/

续上表

	项目	远光发光强度(cd)	远光偏移 垂直(mm/10m)	远光偏移 水平(mm/10m)	近光偏移 垂直(mm/10m)	近光偏移 水平(mm/10m)	灯中心高(mm)
H 前照灯	左外灯						
	左内灯						
	右内灯						
	右外灯						
X 排放	高怠速	CO(%)	HC($\times 10^{-6}$)		怠速	CO(%)	HC($\times 10^{-6}$)
	排气烟度	1)	2)	λ	3)	平均值	
S	车速表						km/h
A	侧滑						m/km
路试制动性能						路试检验员	

人工检验项目	不合格否决项(打编号)	不合格建议维护项(打编号)	检验员
1	车辆外观检查		
2	底盘动态检验		
3	车辆底盘检查		

学习测试

一、判断题

(1)汽车的安全环保检测是由交通运输部门主管的,其检测的主要目的是检查车辆是否符合《机动车运行安全技术条件》(GB 7258—2017)。　　　　(　　)

(2)汽车综合性能检测只是在汽车安全环保检测的基础上增加了动力性、经济性和可靠性检测的内容,其主要目的是检测车辆性能用于维修和制造的需要等。

(　　)

(3)单线综合式检测线比双线综合式检测线更容易组织管理和协调各工位的流程。　　　　(　　)

(4)为保证检测车辆畅通,检测线下一工位通常比上一工位所用的时间长一些。　　　　(　　)

二、选择题

(1)我国汽车综合性能检测的发展方向是(　　　　)。

　　A.检测技术基础规范化　　　　　　B.检测设备智能化

　　C.检测管理网络化　　　　　　　　D.检测工艺组织单线化

(2)汽车综合性能检测站的功能包括汽车的安全环保、动力性、经济性和可靠性等检测,其工艺通常可分为(　　　　)。

　　A.双线综合式　　　　　　　　　　B.单线综合式

　　C.二位综合式　　　　　　　　　　D.以上都不是

(3)汽车排放检测应布置在检测站(　　　　)位置。

　　A.出口　　　　B.入口　　　　C.中间　　　　D.下风位

三、问答题

(1)国家标准《机动车运行安全技术条件》(GB 7258—2017)规定的安全环保检测的项目主要有哪些?

(2)汽车安全环保检测站由什么部门管理?检测结果对车辆行驶有何影响?

(3)简述汽车检测站的类型及主要职能。

(4)比较汽车综合性能检测站不同工艺布局的特点。

项目 2

汽车动力性认知

学习任务1　汽车动力性理论分析

学习目标

1. 能说出汽车动力性评价指标；
2. 掌握汽车行驶过程中的受力情况；
3. 理解汽车行驶的驱动条件；
4. 能看懂汽车驱动力-行驶阻力平衡图、动力特性图及功率平衡图；
5. 会分析汽车动力性的主要影响因素。

一、任务分析

汽车是一种高效率的运输工具，运输效率的高低，在很大程度上取决于汽车的动力性。所以，动力性是汽车各种性能中最基本、最重要的性能。动力性代表了汽车行驶可发挥的极限能力。哪些指标反映其动力性？如何分析汽车动力性？影响汽车动力性的主要因素有哪些？本学习任务将围绕上述问题介绍汽车动力性相关的理论知识。

二、相关知识

1　汽车动力性的评价指标

汽车的动力性评价指标主要有汽车的最高车速、汽车的加速性能和汽车的爬坡能力。不同动力性的汽车在相同的路况和外界环境下所能达到的最大平均行驶速度是不同的，汽车平均行驶速度的提高，会直接提高汽车的运输效率，因此，汽车的动力性是汽车各种性能中最基本和最重要的性能。汽车的平均行驶速度是汽车动力性的总指标。

1）汽车的最高车速

最高车速是指汽车以额定最大总质量，在风速≤3m/s的条件下，在干燥、清洁、平直的良好路面（混凝土或沥青）上所能达到的最高稳定行驶速度 $v_{a,max}$，它对于长途运输车辆的平均行驶速度的影响最大。

2）汽车的加速性能

汽车的加速性能是指汽车在各种使用条件下迅速增加行驶速度的能力。它对于市区运输车辆的平均行驶速度有很大影响，特别是小客车对加速能力尤其重视。加速性能在理论上用加速度 g 来评定，而在实际试验中通常用汽车加速时间来评价。

加速时间是指汽车以额定最大总质量，在风速≤3m/s的条件下，在干燥、清洁、平直良好路面（混凝土或沥青）上由某一低速加速到某一高速所需的时间。常用原地起步加速时间和超车加速时间来表明汽车的加速能力。

原地起步加速时间指汽车由1挡或2挡起步，并以最大的加速强度（包括选择恰当的换挡时间）逐步换至最高挡后到某一预定的距离或车速所需的时间。

超车加速时间指用最高挡或次高挡由某一低车速全力加速到某一高速所需的时间。因为，超车时汽车与被超车辆并行，容易发生安全事故，所以超车加速能力强，并行距离短，行驶就安全。

3）汽车的爬坡能力

汽车的爬坡能力对于在山区行驶车辆的平均行驶速度有很大的影响，通常用最大爬坡度来表示。最大爬坡度 i_{max} 是指汽车满载时用变速器最低挡位在风速≤3m/s的条件下，在干燥、清洁良好路面（混凝土或沥青）上等速行驶所能克服的最大道路纵向坡度。在坡度不长的道路上，利用汽车加速惯性能通过的坡度称为极限坡度。在各种车辆中，越野车的 i_{max} 最大，货车次之，小客车一般不强调爬坡度。

2 汽车的驱动力

汽车发动机产生的转矩 M_e，经过汽车传动系统传到驱动轮上，此时作用在驱动轮上的转矩 M_t 便产生一个对地面向后的圆周力 F_0。根据作用力与反作用力原理，地面对驱动轮产生一个向前的反作用力 F_t，F_t 即为驱动汽车的外力，称为汽车的驱动力，如图2-1所示，其大小为

$$F_t = \frac{M_t}{r} \tag{2-1}$$

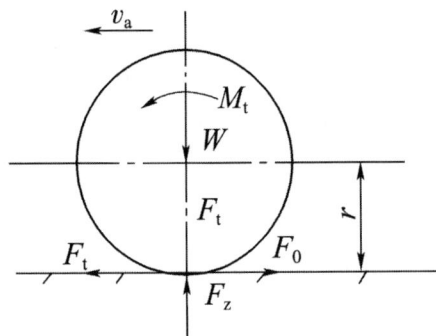

图 2-1　汽车的驱动力

v_a-车速;W-汽车作用在驱动轮上的压力;F_z-地面给驱动轮的法向反力

式中:M_t——作用于驱动轮上的转矩,$N \cdot m$;

r——车轮半径,m。

3 汽车的行驶阻力

汽车在水平道路上等速行驶时必须克服来自地面的滚动阻力 F_f 和来自空气的空气阻力 F_w;当汽车在坡道上上坡行驶时,还必须克服重力沿坡道的分力,称为上坡阻力 F_i。汽车加速行驶时还需要克服其惯性力,称为加速阻力 F_j。因此,汽车行驶的总阻力为

$$\sum F = F_f + F_w + F_i + F_j \qquad (2\text{-}2)$$

$$F_f = G \cdot f \qquad (2\text{-}3)$$

$$F_w = \frac{C_D A v_a^2}{21.15} \qquad (2\text{-}4)$$

式中:G——汽车总重力;

f——滚动阻力系数;

C_D——空气阻力系数;

A——汽车迎风面积。

上述诸阻力中,滚动阻力和空气阻力是在任何行驶条件下均存在的。上坡阻力和加速阻力仅在一定行驶条件下存在。在水平道路上等速行驶时就没有加速阻力和上坡阻力。

1)滚动阻力

滚动阻力是当车轮在路面上滚动时,两者之间相互作用力以及相应的轮胎和支撑面变形所产生的能量损失的总称。它包括:道路塑性变形损失;轮胎弹性迟滞损失;其他损失,如轴承、油封损失、悬架零件间摩擦和减振器内损失等。

2)空气阻力

汽车在空气介质中行驶时受到的空气作用力在行驶方向上的分力,称为空气阻力。

(1)空气阻力的组成。空气阻力包括摩擦阻力和压力阻力两大部分。

摩擦阻力是由于空气的黏性在车身表面产生的切向力的合力在行驶方向的分力。摩擦阻力与车身表面粗糙度及表面积有关。

压力阻力是作用在汽车外形表面上的法向压力的合力在行驶方向上的分力。它包括下列4部分：

①形状阻力。汽车行驶时，空气流经车身，在汽车前方空气相对被压缩，压力升高，车身尾部和圆角处空气压力较低，形成涡流，引起负压。由于汽车前后部压力差所引起的阻力称为形状阻力。形状阻力的大小与车身主体形状有很大关系，例如车头、车尾的形状及风窗玻璃的倾角等。

②干扰阻力。干扰阻力是指凸出于车身表面的部分所引起的空气阻力，如门把手、后视镜、翼子板、悬架导向杆、驱动轴等。

③诱导阻力。诱导阻力是指汽车上下部压力差（即升力）在水平方向的分力。

④内循环阻力。内循环阻力是指发动机冷却系统、车身内通风等需空气流经车体内部时形成的阻力。

以上5种阻力的合力在汽车行驶方向上的分力即为空气阻力。以小客车为例，这几部分阻力所占比例见表2-1。

空 气 阻 力 组 成　　　　表2-1

组成	摩擦阻力	形状阻力	干扰阻力	诱导阻力	内循环阻力
比例(%)	8～10	55～60	12～18	5～8	10～15

（2）空气阻力的计算。在汽车行驶速度范围内，根据空气动力学原理，空气阻力的数值通常由下式确定

$$F_w = \frac{1}{2} C_D A \rho v_r^2 \tag{2-5}$$

式中：C_D——空气阻力系数，主要取决于车身形状；

A——汽车迎风面积，m^2；

ρ——空气密度，$\rho = 1.2258 kg/m^3$；

v_r——汽车与空气的相对速度。

（3）空气阻力系数 C_D。C_D 值的大小与汽车外形关系极大，因此，要求汽车外形的流线型好。C_D 值可通过风洞试验测定。根据现代空气动力学的原理，小客车车身常采用下列方法降低 C_D 值，如图2-2所示。

①整车：在汽车侧视图上，它应前低后高，使车身呈 $1° \sim 2°$ 的负迎角。这样可减少流入车底的空气量，使 C_D 值下降，并可减少升力。在俯视图上，车身两侧应为腰鼓形，前端呈半圆状，后端有些收缩。

图 2-2　小客车车身常采用降低 C_D 值的方法

②车身前部:发动机舱盖向前下方倾斜,面与面的交接处为大圆弧的圆柱面;风窗玻璃为圆弧状,尽可能躺平且与中部拱起的车顶盖圆滑过渡。前窗与水平线夹角为30°左右时,C_D 值最小;前后玻璃支柱应圆滑,窗框高出玻璃面的程度应尽可能小;用埋入式前照灯、示廓灯、刮水器和门把,灯的玻璃罩与车头车尾组成圆滑的整体;后视镜等凸出物的形状应接近流线型;拱形保险杆与车头连成连续圆滑的整体;在保险杆之下的车头处,安装适当长度的向前或前下方伸出的阻流板,虽然它本身产生一定的阻力,但也能抑制车头处较大涡流的产生。

③车身后部:在汽车侧视图上,后窗玻璃与水平线角度呈 25°以下的称为快背式车身;呈 25°~50°夹角的称为舱背式车身。最好采用快背式或舱背式车身,在其后端装有凸起的扰流板,它具有阻滞作用,使流过车身上表面气流的速度降低,从而降低了垂直于后窗表面的负压力的绝对值,使空气阻力减小。在外观上有行李舱的称为折背式车身,它的后窗玻璃与水平线角度尽可能呈 30°,并采用短而高的行李舱。

④车身底部:所有零部件在车身下应尽量齐平,最好有平滑的底板盖住底部。盖板从车身中部或从车轮以后上翘约为 6°,这样可顺利地引导车身下的气流流向尾部,减少在车尾后形成的涡流,使 C_D 值下降。

⑤发动机冷却进风系统:恰当地选择进出风口位置、尺寸和形状,很好地设计通风道,在保证冷却效果的前提下,尽量减少气流内循环阻力。

随着汽车的速度不断提高,汽车的C_D值在不断地降低,如奥迪100-Ⅲ型汽车在Ⅱ型基础上采用优化措施,使C_D值由原来的0.42降至0.30。预计在不久的将来,实际作用的小客车C_D值可降至0.2。

随着高速公路的发展,货车的外形设计也采用了减少C_D值的方法。驾驶室顶盖、风窗玻璃及前脸在侧视图上具有大的圆弧,特别是整个驾驶室装有导流板装置,可大幅度减小C_D值。试验表明,半挂车采用图2-3所示的附加装置,可使C_D值减小30%。

图2-3　半挂车减少空气阻力的附加装置

3)上坡阻力

当汽车上坡行驶时,汽车重力在平行于路面方向的分力,称为汽车的上坡阻力,用F_i表示,如图2-4所示。

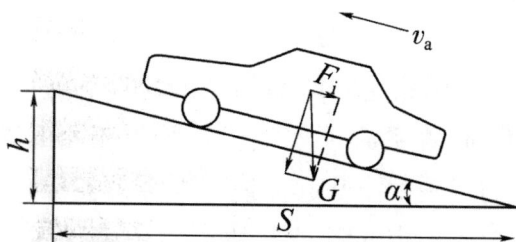

图2-4　汽车的上坡阻力

4)加速阻力

汽车加速行驶时,需要克服其加速运动时的惯性力,就是加速阻力F_j。为便于计算,通常把汽车的质量分为平移质量和旋转质量两部分。加速时不仅平移的质量产生惯性力,旋转的质量还要产生惯性力偶矩。

4　汽车行驶的驱动条件

汽车必须有一定的驱动力,以克服各种行驶阻力,正常行驶。表示汽车驱动

力与行驶阻力之间关系的等式,称为汽车的驱动力平衡方程,即汽车的行驶方程式

$$F_t = F_f + F_w + F_i + F_j \qquad (2\text{-}6)$$

式(2-6)说明了汽车行驶中驱动力与各行驶阻力的平衡关系,其平衡关系不同,则汽车的运动状态不同。

若 $F_t > F_f + F_w + F_i$,汽车将加速行驶;

若 $F_t = F_f + F_w + F_i$,汽车将等速行驶;

若 $F_t < F_f + F_w + F_i$,汽车将无法起步或减速行驶直至停车。

所以汽车行驶的第一个条件为

$$F_t \geqslant F_f + F_w + F_i \qquad (2\text{-}7)$$

式(2-7)被称为汽车的驱动条件,但还不是汽车行驶的充分条件。

5 汽车行驶的附着条件

从以上分析可知,要提高汽车的动力性,可以采用增加发动机转矩、加大传动系传动比等措施以增大汽车的驱动力来实现。但是这些措施只有在驱动轮与路面不发生滑转现象时才有效。如果驱动轮在路面滑转,则增大驱动力只会使驱动轮加速旋转,地面切向反作用力并不会增加,汽车仍不能行驶。这种现象说明地面作用在驱动轮上的切向反作用力受地面接触强度的限制,并不能随意加大,即汽车行驶除受驱动条件制约外,还受轮胎与地面附着条件的限制。

地面对轮胎切向反作用力的极限值称为附着力,记作 F_φ。在硬路面上附着力取决于轮胎与路面间的相互摩擦,它与驱动轮法向作用力 F_z 成正比,常写成

$$F_\varphi = F_z \varphi \qquad (2\text{-}8)$$

φ 称为附着系数,它是由轮胎和路面的结构特性决定的,表示轮胎与路面的接触强度。在硬路面上,附着系数 φ 反映了轮胎与路面的摩擦作用强度。当轮胎与路面接触时,路面的坚硬微小凸起能嵌入变形的轮胎中,增加了轮胎与路面的接触强度,对轮胎滑转有一定的阻碍作用。

在松软路面上,附着系数值不仅取决于轮胎与土壤间的摩擦作用,同时还取决于土壤的抗剪切强度。因为只有当嵌入轮胎花纹沟槽的土壤被剪切脱开基层时,轮胎在接地面积内才产生相对滑动,车轮发生相对滑转。

显而易见,地面切向反作用力不能大于附着力,否则会发生驱动轮滑转,汽车将不能行驶。即

$$F_t \leqslant F_\varphi = F_z \varphi \qquad (2\text{-}9)$$

式中:F_z——地面作用在所有驱动轮上的法向反作用力。

此即为汽车行驶的第二个条件——附着条件。将汽车的驱动条件与附着条件联立,则得

$$F_f + F_w + F_i \leqslant F_t \leqslant F_z \varphi \qquad (2\text{-}10)$$

这就是汽车行驶的必要与充分条件,称为汽车行驶的驱动-附着条件。

6 汽车的附着力

汽车的附着力取决于附着系数以及地面作用于驱动轮的法向反作用力 F_z。

1)附着系数

附着系数主要取决于路面的种类与状况、轮胎的结构和气压以及其他一些使用因素。

(1)路面种类与状况。坚硬路面的附着系数较大,路面的坚硬微小凸起部分嵌入轮胎的接触面,使接触强度增大。因长期使用,由于磨损和风化,路面附着系数会降低。气温升高时,路面硬度下降,附着系数也会减小。路面被细砂、尘土、油污等覆盖时,都会使附着系数减小。

松软土壤的抗剪切强度较低,其附着系数较小。潮湿、泥泞的土路,土壤表层因吸水量多,抗剪切强度更差,附着系数减小很多,是导致汽车越野行驶困难的原因之一。

路面的结构对排水能力也有很大影响。路面的宏观结构应具有一定的平面度而且有自动排水的能力;路面的微观结构应粗糙且有一定的尖锐棱角,以穿透水膜直接与胎面接触。

(2)轮胎的结构与气压。轮胎花纹对 φ 值影响也较大。具有细而浅花纹的轮胎在硬路面上有较好的附着力;具有宽而深的花纹的轮胎,在软路面上附着力有所提高。增加胎面的纵向花纹,在干燥的硬路面上,由于接触面积减小,附着系数值有所减小;但在潮湿的路面上有利于挤出接触面中的水分,改善附着力。

为了提高轮胎的"抓地"能力,现在的轮胎胎面上常有纵向的曲折大沟槽,胎面边缘上有横向沟槽,使轮胎在纵向、横向均有较好的"抓地"能力,又提高了在潮湿地面上的排水能力。宽断面和子午线轮胎由于与地面的接触面积增大,附着系数值较大。

轮胎的磨损会使胎面花纹深度减小,从而导致附着系数值显著减小。

降低轮胎气压,可使硬路面上附着系数值略有增加,所以采用低压胎可获得较好的附着性能。在松软的路面上,降低轮胎气压,则轮胎与土壤的接触面积增加,胎面凸起部分嵌入土壤的数目也增多,因而附着系数显著增大。如果同时增加车轮轮辋的宽度,则效果更好。对于潮湿的路面,适当提高轮胎气压,使轮胎

与路面的接触面积减小,有助于挤出接触面间的水分,使轮胎得以与路面较坚实的部分接触,因而可提高附着系数。

(3)行车速度。汽车行驶速度提高时,多数情况下附着系数是减小的。这对于汽车的高速制动尤为不利。在硬路面上提高行驶速度时,由于路面微观凹凸构造来不及与胎面完美地嵌合,所以附着系数有所减小。在潮湿的路面上提高行驶速度时,由于接触面间的水分来不及排出,所以附着系数显著减小。在软土壤上,由于高速车轮的动力作用容易破坏土壤的结构,所以提高行驶速度对附着系数产生极不利的影响。只有在结冰的路面上,车速快时,与轮胎接触的冰层受压时间短,因而在接触面间不容易形成水膜,故附着系数略有增大。但要特别注意,在冰路上提高行驶速度会使行驶稳定性变差。

(4)车轮相对于地面的滑转率。图 2-5 是驱动轮纵向附着系数与其滑转率的关系图。从图中可以看到,当驱动轮滑转率 S_x 从 0 开始增加时,纵向附着系数 φ_x 也随之增加,当 S_x 达到 S_T(一般是 0.08 ~ 0.30)时,纵向附着系数达到最大值 $\varphi_{x,max}$,此后,如果 S_x 继续增加,纵向附着系数 φ_x 反而随之下降,当 S_x 达到 1 时,即车轮发生纯滑转时,其纵向附着系数要远远小于 $\varphi_{x,max}$。所以从动力性上考虑,驱动轮的滑转率最好处于 S_T 的一个小邻域内,但同时考虑到车辆侧向附着系数随纵向滑转率的增大而急剧减小,所以从侧向附着系数上考虑,并注意到车辆的方向稳定性,一般认为驱动轮的最佳滑转率在小于 S_T 的范围内,可取0.08 ~ 0.15。

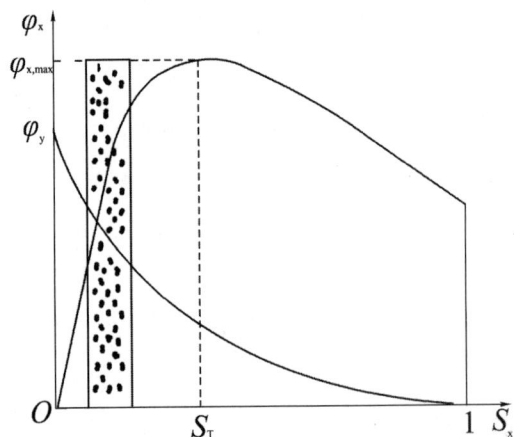

图 2-5　纵向附着系数和侧向附着系数与滑转率的关系

汽车驱动防滑控制系统(Anti-Slip Regulation,ASR)或称汽车牵引力控制系统(Traction System,TCS)就是通过控制车轮的滑转率来提高汽车的驱动力和车辆方向稳定性的。

综上所述,附着系数受一系列因素的影响。在一般动力性计算中只用附着系数的平均值。在良好的混凝土或沥青路面上,路面干燥时附着系数 φ 值为 0.7 ~ 0.8;路面潮湿时 φ 值为 0.5 ~ 0.6;干燥的碎石路 φ 值为 0.6 ~ 0.7;干燥的土路 φ 值为 0.5 ~ 0.6;潮湿土路 φ 值为 0.2 ~ 0.4。

2) 车轮的地面法向反作用力

附着力与地面对车轮的法向反作用力成正比,而驱动轮的地面反作用力与汽车的总体布置、行驶状况及道路坡度有关。图 2-6 为汽车加速上坡时的受力图。

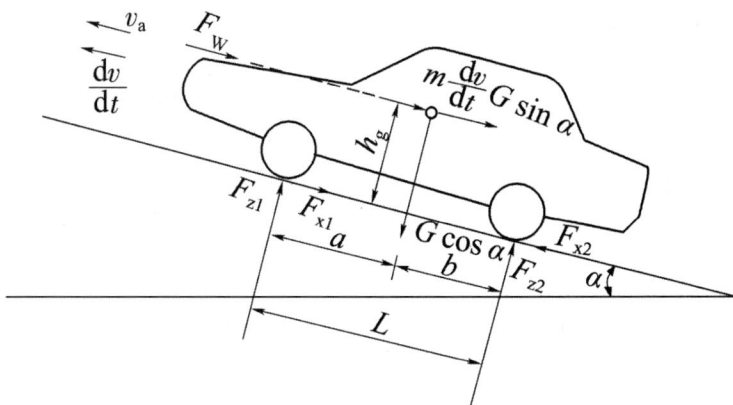

图 2-6 汽车加速上坡时的受力图

图中,G 为汽车重力;h_g 为汽车质心高度;F_{z1}、F_{z2} 为作用在前、后轮上的地面法向反作用力;F_{x1}、F_{x2} 为作用前、后轮上的地面切向反作用力;L 为汽车轴距;a、b 为汽车质心至前、后轴的距离。

若将作用在汽车上诸力对前、后轮与道路接触中心取力矩(将质心与空气阻力中心近似看作重合),则得

$$F_{z1} = \frac{Gb - (F_i + F_j + F_w)h_g}{L} \tag{2-11}$$

$$F_i = F_t - (F_f + F_w) \tag{2-12}$$

式(2-12)中,F_t 为汽车在水平路面上静止时前、后轴上的静荷载,括号中的项为行驶中产生的动荷载。当汽车上坡或加速时,前轮荷载减小,而后轮荷载增加;汽车下坡或减速时,荷载变化与此相反。

由此可见,在一定附着系数的路面上,不同驱动方式的汽车具有不同的汽车附着力。后轮驱动的汽车在上坡和加速时,其驱动轮的法向反作用力大,驱动轮的附着力大,能得到的驱动力大,其加速能力和上坡能力好。

只有四轮驱动汽车才有可能充分利用整部汽车的重力来产生汽车附着力。

当四轮驱动汽车前、后驱动轮的附着力分配刚好等于其前、后轮法向反作用力的分配时,得到的附着力最大。

7 影响汽车动力性的主要因素

从对汽车行驶方程式的分析中可知,汽车的动力性与汽车结构参数和使用条件密切相关。下面讨论结构因素对汽车动力性的影响。

1)发动机参数的影响

发动机功率越大,汽车的动力性越好。设计中发动机最大功率的选择必须保证汽车预期的最高车速。

最高车速越高,要求的发动机功率越大,其后备功率也越大,加速爬坡能力必然较好。但发动机功率不宜过大,否则,在常用条件下,发动机负荷过低,燃料消耗增加。

单位汽车质量所具有的发动机功率称为比功率或功率利用系数。

发动机外特性曲线形状对动力性也有较大的影响。图 2-7 为两台发动机的外特性曲线。但其最大功率与其相对应的转速相等。由图2-7可见,外特性曲线 1 的后备功率较大,使汽车具有较大的加速能力和爬坡能力,因而动力性能较好。同时使汽车具有较低的临界车速,换挡次数可以减少,因而有利于提高汽车的平均行驶速度。

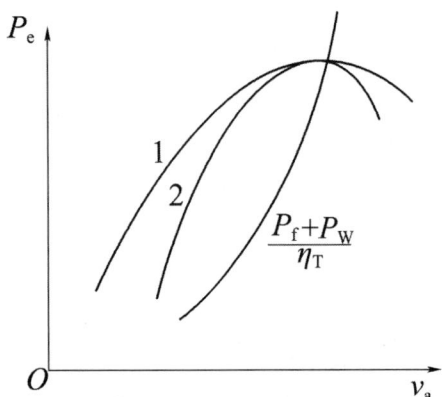

图 2-7 外特性曲线形状不同的汽车动力平衡图

P_f-滚动阻力消耗的功率;P_W-空气阻力消耗的功率

2)传动系统参数的影响

(1)传动系统机械效率。传动系统损失功率可表示为 $P_T = P_e(1 - \eta_T)$,可见传动系统机械效率 η_T 越高,传动系统损失功率越小,发动机有效功率更多地转变为驱动功率,汽车动力性好。在润滑油中加入减摩添加剂和选用黏度适当且受温度影响小的润滑油,对提高传动系统机械效率有明显效果。

(2)主减速器传动比。当变速器处于直接挡时,主减速器传动比将直接影响汽车的动力性。

图 2-8 为其他条件相同而主减速器传动比不同的直接挡功率平衡图,只有当 $i_0 = i''_0$ 时,汽车的最高车速 $v_{a,max}$ 等于发动机最大功率相对应的车速,即 $v_{a,max} = v_p$,此时得到 $v_{a,max}$ 最大。其他条件不变,无论使主减速器传动比 i_0 增大还是减

小,都会使汽车的最高车速降低。

（3）变速器的挡数。变速器挡数增加,发动机在接近最大功率工况下的工作机会增加,发动机的平均功率利用率高,可得到的后备功率大。例如,在两挡变速器的一挡与直接挡之间增加两个挡位时,如图2-9所示,汽车的最高车速和最大爬坡度均不变。但在一定的速度范围内,可利用的后备功率增大了(图2-9中影线表示区域),有利于汽车的加速和上坡。

图2-8　主减速器传动比不同时的
　　　　功率平衡图

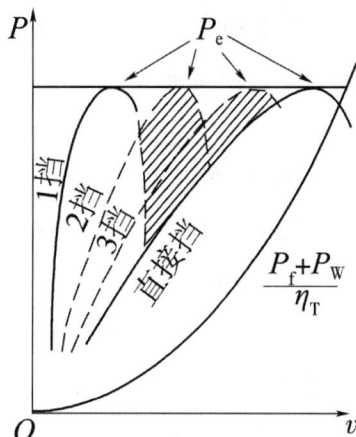

图2-9　变速器的挡数对汽车
　　　　动力性的影响

（4）变速器传动比。变速器1挡传动比对汽车动力性影响最大。传动比越大,汽车的最大爬坡度越大。但必须满足附着条件,当1挡发出最大驱动力时,驱动轮不应产生滑转。

变速器各挡的传动比应按等比级数分配,这样,汽车在换挡加速过程中功率利用程度最高,加速时间最短。另外,减小空气阻力系数、减轻汽车的质量、选用滚动阻力系数小的轮胎都将使汽车的行驶阻力减小,从而使汽车的动力性得到改善。

三、任务实施

已知一货车发动机的使用外特性数据见表2-2。

发动机的使用外特性数据　表2-2

发动机转速 $n(\text{r/min})$	1000	1500	2000	2500	3000	3500	4000
发动机输出转矩（N·m）	147	169	174	173	169	163	146

发动机最低转速为600r/min;最高转速为4000r/min。汽车总质量为3880kg,车轮半径为0.367m,传动系效率 $\eta_T = 0.85$,滚动阻力系数 $f = 0.013$,空气

阻力系数×迎风面积 $C_D A = 2.77m^2$,主减速器传动比 $i_0 = 5.83$,变速器传动比:1挡为6.09,2挡为3.09,3挡为1.71,4挡为1.00。试绘制汽车驱动力与行驶阻力平衡图,并求出汽车最高车速和最大爬坡度。

❓ 学习测试

一、填空题

(1)汽车动力性的评价指标主要有_____、_____和_____。

(2)加速时间可分为_____、_____两种。

(3)汽车的_____是指汽车在良好路面上直线行驶时,由汽车的纵向外力决定的、所能达到的平均行驶速度。

(4)汽车的爬坡能力用_____来表示。

(5)良好沥青路面上的滚动阻力系数要比碎石路面上的滚动阻力系数_____。(填"大"或"小")

二、判断题

(1)汽车的后备功率越大,汽车的动力性越好。   (   )

(2)现代胎面花纹的作用一是提高轮胎的抓地能力,二是提高潮湿路面上的排水能力。   (   )

(3)超车加速时间指用1挡或2挡,由某一预定车速开始,全力加速到某一高速所需的时间。   (   )

三、选择题

(1)汽车在平坦道路上加速行驶时不存在的阻力是(   )。

    A.空气阻力   B.滚动阻力   C.加速阻力   D.坡道阻力

(2)由于空气的黏性在车身表面产生的切向力在行驶方向上的分力称为(   )。

    A.摩擦阻力   B.形状阻力   C.干扰阻力   D.诱导阻力

(3)空气阻力的计算公式是(   )。

    A. $F_W = C_D A v^2 / 21.15$ B. $F_W = C_D v^2 / 21.15$

    C. $F_W = A v^2 / 21.15$ D. $F_W = C_D A v^2$

四、问答题

(1)汽车行驶的充分必要条件是什么?

(2)汽车的驱动与附着条件是什么?写出其表达式。

(3)试分析影响汽车动力性的因素。

学习任务2 汽车动力性检测

学习目标

1. 了解汽车制动性能道路和台架试验的方法;
2. 能使用底盘测功机进行相关的检测。

一、任务分析

对汽车动力性的检测有室内台架试验检测(简称台试)和道路试验检测(简称路试)两种方法。台架试验由于在室内进行,不受气候、驾驶技术等客观条件的影响,只受测试仪本身测试精度的影响,故测试条件易于控制,是汽车检测站主要采用的检测手段。台架试验的主要设备是汽车底盘测功机。路试条件与车辆实际运行状况的条件相符,其结果更能真实地体现汽车的动力性。

二、相关知识

1 汽车动力性检测项目

汽车动力性检测项目主要有:汽车加速性能检测、汽车最高车速检测、汽车滑行性能检测、发动机输出功率检测、汽车底盘输出功率检测。

2 汽车动力性检测方法

汽车动力性检测方法可以分为台试与路试两种。

1)汽车动力性室内台架试验检测

汽车动力性室内台架试验的方式,主要是用无负荷测功仪检测发动机功率,底盘测功机检测汽车的最大输出功率、最高车速和加速能力。室内台架试验不受气候、驾驶技术等客观条件的影响,只受测试仪本身测试精度的影响,测试条件易于控制,所以汽车检测站广泛采用汽车动力性室内台架试验方式。

为了取得精确的测量结果,底盘测功机的生产厂家,应在说明书中给出该型底盘测功机在测试过程中本身随转速变化机械摩擦所消耗的功率,对风冷式测功机还需给出冷却风扇随转速变化所消耗的功率。另外,由于底盘测功机的结构不同,对汽车在滚筒上模拟道路行驶时的滚动阻力也不同,在说明书中还应给出不同尺寸的车轮在不同转速下的滚动阻力系数值。

（1）汽车底盘输出功率的检测方法。通过底盘测功机检测车辆的最大底盘驱动功率，用以评定车辆的技术状况等级。

①在动力性检测之前，必须按汽车底盘测功机说明书的规定进行试验前的准备。台架举升器应处于升状态，无举升器者滚筒必须锁定；车轮轮胎表面不得夹有小石子或坚硬之物。

②汽车底盘测功机控制系统、道路模拟系统、引导系统、安全保障系统等必须工作正常。

③在动力性检测过程中，控制方式处于恒速控制，当车速达到设定车速（误差 ±2km/h）并稳定 5s 后（时间过短，检测结果重复性较差），计算机方可读取车速与驱动力数值，并计算汽车底盘输出功率。

④输出检测结果。

（2）发动机功率的检测方法。用发动机无外载检测仪检测发动机功率，使用方便，检测快捷，在规范操作的前提下，可为发动机动力性检测与管理提供有效依据。该方法还可以用于同一发动机调试前后、维修前后的功率对比，因此也得到广泛使用。

①起动发动机并预热至正常状态，与此同时接通无负荷测功仪电源，连接传感器。

②按仪器使用说明书进行操作。

③从测功仪上读取（或计算）发动机的功率值。

（3）数据处理。

①目前底盘测功机显示的数值，有的是功率吸收装置吸收功率的数值，有的则是驱动轮输出的最大底盘输出功率的数值。对于显示功率吸收装置所吸收功率数值的，在处理检测结果数据时，必须增加滚动阻力所消耗的功率、台架机械阻力消耗的功率及风冷式功率吸收装置的风扇所消耗的功率，其计算式应为

汽车底盘最大输出功率 = 功率吸收装置所消耗的功率 + 滚动阻力所消耗的功率 + 台架机械阻力消耗的功率 + 风冷式功率吸收装置的风扇所消耗的功率

②检测发动机最大输出功率的数据处理。根据《营运车辆技术等级划分和评定要求》（JT/T 198—2019）的规定，所测发动机最大输出功率应与发动机的额定功率相比较。为此，发动机最大输出功率的计算式应为

$$发动机最大输出功率\ P_{max} = 附件消耗功率\ P_1 + 传动系消耗功率\ P_2 + 底盘最大输出功率\ DP_{max}$$

所以，在测得底盘最大输出功率之后，应增加传动系消耗功率 P_2 及附件消耗

功率 P_1，才可确定发动机最大输出功率 P_{max}。若该发动机额定功率为净功率，不包括发动机附件消耗功率 P_1，则处理后发动机最大输出功率 P_{max} 的数值为 $P_{max} = P_2 + DP_{max}$。

用发动机无负荷测功仪测得的发动机功率 P 为净功率，若该汽车发动机的额定功率为总功率，而不是净功率，则所测得的功率 P 应加发动机附件消耗功率 P_1 后才可与额定功率相比较。

2）汽车动力性道路试验检测

通过道路试验分析汽车动力性能，其结果接近于实际情况，汽车动力性道路试验的检测项目一般有高挡加速时间、起步加速时间、最高车速、陡坡爬坡车速和长坡爬坡车速，有时为了评价汽车的拖挂能力，还需进行汽车牵引力检测。此外，有时为了分析汽车动力的平衡问题，采用高速滑行试验测定滚动阻力系数 f 及空气阻力系数 C_D，但由于道路试验受到道路条件、风向、风速、驾驶技术等因素的影响，而且这些因素可控性差，同时还需要按规定条件选用或建造专门的道路等。

3 汽车底盘测功机

1）汽车底盘测功机的作用和类型

（1）汽车底盘测功机的作用。底盘测功机是一种不解体检验汽车性能的检测设备，它是通过在室内台架上汽车模拟道路行驶工况的方法来检测汽车的动力性，而且还可以测量多工况排放指标及油耗。底盘测功机通过滚筒模拟路面，通过功率吸收加载装置来模拟道路行驶阻力，通过飞轮的转动惯量来模拟汽车的转动惯量、直线运动质量的惯量，故能进行符合实际的复杂循环试验，因而得到广泛应用。近年来，计算机的高速发展为数据的采集、处理及试验数据的结果分析提供了有效的手段，同时为模拟道路状态准备了条件，加速了底盘测功机的发展，加之各类专用软件的开发和应用，使汽车底盘测功机得到了广泛的推广。

（2）汽车底盘测功机的类型。底盘测功机分为单滚筒底盘测功机和双滚筒式底盘测功机。单滚筒底盘测功机滚筒直径大，制造和安装费用高，但其测试精度高，一般用于制造厂和科研单位；双滚筒式底盘测功机的滚筒直径小，设备成本低，使用方便，但测试精度较差，一般用于汽车使用、维修行业及汽车检测站、检测线。

2）汽车底盘测功机的基本结构

汽车底盘测功机一般由滚筒装置、测功装置、飞轮机构、测速装置、控制与指示装置等构成。其机械部分的结构如图 2-10 所示，汽车底盘测功机外形图如图 2-11 所示。

图 2-10　底盘测功机机械部分结构示意图

图 2-11　汽车底盘测功机外形图

（1）滚筒装置。滚筒装置相当于能够连续移动的路面,测功试验时,汽车驱动轮驱动滚筒旋转。底盘测功机的滚筒装置有单滚筒和双滚筒两种类型,如图2-12所示。

①单滚筒试验台。单滚筒试验台的滚筒多采用硬质木料或钢板制成,其直径一般为1500～2500mm,表面曲率小,车轮在滚筒上滚动时就像在平路上行驶,轮胎与滚筒表面间的滑转率小,行驶阻力小,因而测试精度高。但大滚筒试验台制造成本高,占地面积大,同时对车轮在滚筒上的安放定位要求严格,而车轮中心与滚筒中心在垂直平面内的对中又比较困难,故使用不太方便。因此,单滚筒底盘测功机一般用于科研单位、大专院校和汽车制造部门,较小的滚筒用于汽车维修和诊断企业。

a)单轮单滚筒式　　　b)双轮双滚筒式　　　c)单轮双滚筒式

图 2-12　滚筒装置的结构类型

②双滚筒试验台。双滚筒试验台的滚筒多采用钢质材料制成，直径一般为185～400mm，由于曲率半径小，滚筒表面曲率大，因而轮胎与滚筒表面的接触面积较在平路上行驶时小得多。接触面积间比压和变形大，滑转率大，从而使滚动阻力增大，测试精度低。在较高试验车速下，轮胎的滚动功率损失可达到所传递功率的15%～20%。但双滚筒底盘测功机具有车轮在滚筒上安放定位方便和制造成本低等优点，因而适用于汽车维修和诊断企业，尤其是单轮双滚筒式试验台应用更为广泛。

双滚筒试验台还有主动、从动滚筒之分，与测功器相连的滚筒为主动滚筒，左右两个主动滚筒之间装有联轴器，左右两个从动滚筒处于自由状态。

不管哪种类型的滚筒，均经过平衡试验，并通过滚动轴承安装在框架上。框架是底盘测功试验台机械部分的基础，坐落在地坑内。

（2）测功装置。测功装置用于吸收和测量汽车驱动轮的输出功率，通常称为测功器。测功装置也是一个加载装置，可模拟汽车在道路上行驶时所受的各种阻力，使车辆受力情况与在道路上行驶时一样。

底盘测功机常用的测功器有水力测功器、电力测功器和电涡流测功器3类。由于水力测功器功率吸收装置的可控性较差，电力测功器成本又较高，汽车检测站和维修企业使用的底盘测功机多采用电涡流测功器。

电涡流测功器主要由定子和转子构成，转子与滚筒相连，定子可绕其主轴线摆动。图2-13为水冷电涡流测功器的结构示意图。

图2-13 水冷电涡流测功器的结构示意图

定子内部沿圆周布置有励磁线圈和涡流环,转子在励磁线圈和涡流环内转动。转子的外圆上有均匀分布的齿与槽,齿顶与涡流环间留有一定的空气隙。

当励磁线圈上有直流电通过时,在其周围产生磁场,磁场的磁力线通过转子、空气隙、涡流环和定子形成闭合磁路,分布在齿顶处的磁通密度大,分布在齿槽处的磁通密度小。当转子转动时,通过涡流环上任一点的磁力线呈周期性变化,因而在涡流环上任一点上产生感应涡电流。该涡电流与产生它的磁场相互作用而产生对汽车的制动力矩,因而测功器吸收驱动轮的输出功率,同时也对滚筒起到加载作用。只要改变磁线电流的大小,就可以自由地控制测功器产生的制动力矩。

定子外壳上装有测力杠杆,并与安装在杠杆下方的压力传感器构成测力装置,以测出汽车驱动轮的驱动力和驱动转矩。

(3)测速装置。测速装置一般由测速传感器、中间处理装置和指示装置构成。常用测速传感器有光电式、磁电式和测速发电机等类型,通常安装在从动滚筒一端,随从动滚筒一起转动,把滚筒的转速转变为电信号。该电信号经放大送入处理装置,换算为车速(km/h)并在指示装置上显示出来。底盘测功机在进行测功、加速试验、等速试验、滑行试验和燃油经济性试验时,都必须对试验车速进行测试。

(4)飞轮机构。飞轮机构用于模拟汽车在道路上行驶时的动能,常采用离合器以实现与滚筒的自由接合。飞轮机构通常具有一组多个飞轮,其飞轮机构的转动惯量及其在各个飞轮上的分配应与所测车型进行加速能力试验和滑行能力试验的要求相适应。

(5)控制装置。底盘测功机的控制装置和指示装置常做成一体,构成控制柜,安放在机械部分的左前方易于操作和观察的位置。如果测力装置和测速装置均为电测式,指示装置为机械式时,指示装置仅能显示驱动车轮的驱动力,驱动轮输出功率需根据所测出的驱动力和试验车速换算得到。

图2-14为底盘测功机控制柜面板图,控制柜上的按键、显示窗、旋钮、功能灯、报警灯、指示灯等,用来控制试验过程和显示试验结果。带有打印机的底盘测功机,还可打印出所测数据或曲线图。

3)底盘测功机的工作原理

(1)汽车驱动轮输出功率测试。测功试验时,汽车驱动轮置于滚筒装置上,驱动滚筒旋转并经滚筒带动测功器的转子旋转。当定子上的励磁线圈中没有电流通过时,转子不受制动力矩作用;而励磁线圈有直流电通过时,所产生磁场的磁力线通过转子、空气隙、涡流环和定子构成闭合磁路。由于通过齿顶和凹槽的磁通量不同,因而当转子在滚筒带动下旋转时,通过涡流环任一点的磁通量呈周期性变化而产生了涡电流,涡电流产生的磁场与励磁场相互作用,产生了与转子旋转方向相反的转矩,从而对滚筒起了加载作用。测出该转矩和转子转速,便可据此得到由滚筒传递给测功器转子的驱动功率。

图 2-14 底盘测功机控制柜面板图

作用力和反作用力是成对出现的,对转子施加制动力矩的同时,定子受到与制动力矩大小相同但方向相反的力矩的作用,力图使可绕主轴摆动的定子顺着转子旋转方向摆动。在测功器定子上安装上定长度的测力杠杆,并在其端部下方安装压力传感器,压力传感器便会受压力作用而产生与此成正比的电信号。

显然,该压力与杠杆长度(压力传感器至测功器主轴的距离)之积便是定子(或转子)所受力矩的数值。在滚筒稳定旋转时,该力矩与驱动轮驱动力对滚筒的驱动力矩相等。据此,可求出车轮作用在滚筒(其半径为已知常数)上驱动力的大小。

底盘测功机进行测功试验,以及进行加速试验、车速表检测、滑行试验、燃油经济性试验时,都需要测得试验车速,因此,必须配备测速装置。测速装置多为电测式,所用传感器有磁电式、光电式和测速电动机等形式,一般装在从动滚筒一端随滚筒一起转动,并把滚筒转动转变为电信号。

由压力传感器和测速传感器传来的电信号输入到控制装置,经计算机处理后,在指示装置上显示出功率(kW)、驱动力(kN)和车速(km/h)的数值。显然,三者间具有如下关系

$$P_k = \frac{Fv}{3600} \tag{2-13}$$

式中:P_k——驱动轮输出功率,kW;

$\quad$ F——驱动轮驱动力,N;

$\quad$ v——试验车速,km/h。

在底盘测功机上测得的驱动轮输出功率取决于发动机输出功率、传动系统传动效率、滚动阻力损失功率和试验台传动效率等因素。由于受滚筒表面曲率的影响,驱动轮在底盘测功机滚筒上的滚动阻力比在良好路面上行驶时的滚动阻力大,由滚动阻力所消耗的功率可达所传递功率的15%~20%;在传动系统技术状况良好的情况下,汽车传动系统的功率损失占发动机输出功率的10%~20%,其具体数值取决于传动系统的类型。资料表明:检测在用汽车的驱动轮输出功率时,小客车若能达到发动机输出功率的70%;货车和大型客车若能达到其发动机输出功率的60%(双级主传动器)和65%(单级主传动器),即可说明传动系统技术状况良好。底盘测功机驱动轮功率检测标准,可根据在用汽车发动机功率检测标准(不低于原额定功率的75%)、传动系统效率和滚动阻力损失功率的试验结果合理确定。

(2)传动系统传动效率检测。把汽车驱动轮输出功率与发动机输出的有效功率进行比较,可按下式求出传动系统的传动效率,即

$$\eta_T = \frac{P_k}{P_e} \tag{2-14}$$

式中:P_k——驱动轮输出功率;

$\quad$ P_e——发动机有效功率。

正常情况下,汽车传动系统机械效率正常值见表2-3。

汽车传动系统机械效率　　　　　　　　表2-3

汽 车 类 型		传动效率 η_T
小型客车		0.90 ~ 0.92
货车和大型客车	单级主减速器	0.90
	双级主减速器	0.84
4×4 越野汽车		0.85
6×6 越野汽车		0.80

　　利用试验台反拖可测得传动系统所消耗的功率。在惯性式底盘测功机或带有储能飞轮可模拟汽车在相应车速下行驶动能的底盘测功机上,若在测得汽车驱动车轮的输出功率后,立即踩下离合器踏板,储存在飞轮系统中的汽车行驶动能会反过来拖动汽车驱动轮和传动系统运转,运转阻力作用于滚筒,因此,底盘测功机可测得反拖驱动轮和传动系统消耗的功率。如果将同一车速下驱动轮输出功率与反拖驱动轮和传动系统所消耗的功率相加,可求得该车速所对应的发动机转速下发动机的输出功率,根据发动机输出功率和汽车驱动轮输出功率可得到传动系统的机械效率。

　　(3)汽车的加速能力和滑行能力测试原理。底盘测功机对汽车加速能力(加速时间)和滑行距离的测试精度,首先取决于飞轮机构、滚筒装置及其他旋转部件的旋转动能是否与道路试验时汽车在相应车速下的动能相一致。

　　汽车在底盘测功机上试验时,驱动轮驱动滚筒旋转,但整车处于静止状况。这样,要测试汽车在一定速度区间内的加速时间,必须以具有相应转动惯量的飞轮机构模拟汽车行驶时的动能。汽车在滚筒上加速时,滚筒及飞轮机构转速的提高使滚筒飞轮机构的旋转动能相应增加,从而消耗驱动轮输出功率,表现为汽车的加速阻力。滚筒圆周速度从某一值上升到另一值的时间与汽车路试时在相应速度区间的加速时间相对应。加速时间的长短则反映其加速能力的大小。

　　汽车以某一车速在滚筒上做滑行试验时,汽车驱动轮首先带动滚筒装置、飞轮机构以相应转速旋转,此时滚筒装置和飞轮机构具有的动能与汽车道路试验时具有的动能相等。摘挡滑行后,储存在滚筒装置和飞轮机构的动能释放出来,驱动汽车驱动轮和传动系统旋转,滚筒继续转过的圆周长度与汽车路试时的滑行距离相对应。滑行距离长短可反映汽车传动系统传动阻力的大小,据此可判断汽车传动系统的技术状况。

(4)其他项目的检测。除以上检测诊断项目外,利用底盘测功机滚筒装置作为活动路面,以测功器的制动力矩模拟汽车的行驶阻力,则凡是汽车在运行中进行的检测和诊断项目,在配备所需仪器设备后均可在底盘测功机上进行。如采用油耗计测试汽车在各种工况下的使用油耗;采用废气分析仪测试汽车在各种工况下的废气成分和烟度;采用发动机综合测试仪测试发动机点火提前角或供油提前角,观测发动机点火波形或柴油机供油波形;利用异响诊断分析仪诊断各总成或系统的异响;以及检测各总成工作温度和电气设备工作情况等。

三、任务实施

汽车动力性的台架试验包括驱动轮输出功率检测与加速时间及滑行距离的检测。

1 驱动轮输出功率检测

(1)试验前,检查仪器、车辆及其他准备工作是否按规程准备好。

(2)根据受检车型,在底盘测功机上设定检测速度。

(3)将驱动轮置于底盘测功机的滚筒上,举升器下降,用纵向约束装置——挡车器挡住非驱动轴车轮,必要时通过钢丝绳将汽车尾部与地锚拉紧,前桥驱动车辆拉紧驻车制动并调整活动挡轮使其靠近车轮。

(4)关闭空调系统等非行车必需的耗能装置,起动汽车,逐步加速并换至直接挡,使汽车以直接挡的最低车速稳定运转。

(5)将加速踏板踩到底,测定设定速度下的驱动轮输出功率。

(6)待汽车速度在设定的检测速度下稳定15s后,读取并记录仪表显示的输出功率值。实际检测速度与设定检测速度的公差为0.5km/h,在读数期间,转矩变动幅度应不超过4%。

(7)按《汽车动力性台架试验方法和评价指标》(GB/T 18276—2017)标准记录环境状态及检测数据,并将输出功率修正为标准环境状态下的校正驱动轮输出功率。

(8)对低于允许值的车辆,允许重测一次。

(9)举升器上升将驱动轮托起,移去各种约束,检测结束。

2 加速时间及滑行距离检测

(1)试验前,检查仪器、车辆及其他准备工作是否按规程准备好。

(2)根据被测车辆的基准质量选定底盘测功机的相应当量惯量,当底盘测功机所配备飞轮系统的惯量级数不能准确满足被测车辆的当量惯量需要时,可选配与被测车辆整备质量最接近的转动惯量级,但应对检测结果做必要的修正。

(3)根据被测车型,在底盘测功机上设定加速及滑行速度区间。

(4)将驱动轮置于底盘测功机的滚筒上,举升器下降,用纵向约束装置——挡车器挡住非驱动轴车轮,前桥驱动车辆拉紧驻车制动并调整活动挡轮使其靠近车轮。

(5)关闭空调系统等非行车必需的耗能装置,起动汽车,按引导系统提示加速至高于规定车速后,将变速器置于空挡。利用车辆与测功机储存的动能,使其运转直至车轮停止转动。

(6)记录车辆在规定速度区间内的加速时间及滑行距离。

(7)举升器上升将驱动轮托起,脱开惯性模拟飞轮并移除各种约束,检测结束。

❓ 学习测试

一、填空题

(1)汽车底盘试验台一般由＿＿＿＿＿、＿＿＿＿＿、＿＿＿＿＿、＿＿＿＿＿4部分组成。

(2)汽车动力性的道路试验包括＿＿＿＿、＿＿＿＿、＿＿＿＿、＿＿＿＿4个试验项目。

(3)汽车性能的台架试验由于在＿＿＿＿＿进行,不受＿＿＿＿、＿＿＿＿＿等客观条件的影响,只受测试仪器本身＿＿＿＿＿的影响,故测试条件易于控制,是汽车检测站主要采用的检测手段。

二、判断题

(1)汽车动力性的台架试验包括驱动轮输出功率检测与加速时间及滑行距离的检测。　　　　　　　　　　　　　　　　　　　　　　（　）

(2)对于电涡流测功器,当定子励磁线圈上有直流电通过时,在其周围产生磁场,磁场的磁力线通过转子、空气隙、涡流环和定子形成闭合磁路,分布在齿顶处的磁通密度小,分布在齿槽处的磁通密度大。　　　　　　（　）

(3)在底盘测功机上,由于受滚筒表面曲率的影响,驱动轮在底盘测功机滚筒上的滚动阻力比在良好路面上行驶时的滚动阻力小。　　　　　　（　）

三、选择题

(1)汽车底盘的输出功率,除了可以通过整车的道路试验测定外,还可以在室内条件下在(   )上测定。

    A.底盘测功试验台   B.发动机试验台

    C.水力测功机   D.无负荷测功仪

(2)驱动轮输出功率检测时,对低于允许值的车辆,可允许重测(   )次。

    A. 1   B.2   C. 3   D.4

四、问答题

(1)请说出汽车动力性的道路试验的内容。

(2)简述加速时间及滑行距离检测的步骤。

项目 3

汽车燃油经济性认知

学习任务 1 汽车燃油经济性评价指标认知

学习目标

1. 能说出汽车燃油经济性评价指标；
2. 掌握常用汽车燃油经济性评价指标及其评价方法。

一、任务分析

随着能源的日渐紧张和对环境保护的日益迫切，环境问题和能源安全问题日益受到全世界的普遍关注，各国政府、企业和汽车消费者对汽车的燃油经济性能十分关注，节能工作更加重要。各种车型的燃油经济性标准要求越来越完善和严格。

二、相关知识

1 汽车燃油经济性指标

评价汽车燃油经济性的指标很多，不同的国家所采用的评价参量是不同的，大致有以下 6 种。

1）比油耗 g_e（燃料消耗率）

它表示发动机的单位有效功率在单位时间内所消耗的燃料量。在国际单位制中，它的单位为 g/（kW·h）（克/千瓦时）。

2）每小时耗油量 G_t

它表示发动机每小时所消耗的燃料质量。常用的单位为 kg/h（千克/时）。

3）每千米耗油量 G_m

它表示汽车每行驶 1km 所消耗的燃油数量（常以体积计算）。常用单位是

L/km(升/千米)。

4)每升燃油行驶里程

它表示汽车消耗 1L 燃油可行驶的里程数。常用单位是 km/L(千米/升)。

5)百千米油耗量 Q

它表示汽车每行驶 100km 所消耗的平均燃油量(以体积计算)。常用单位为 L/100km(升/百千米)。

6)百吨千米油耗量 Q_t

它表示汽车运行过程中,每完成 100t·km 运输量所消耗的燃油量(以体积计算)。常用单位为 L/(100t·km)(升/百吨千米)。

在我国及欧洲,燃油经济性指标的单位为 L/100km,其数值越大,汽车的燃油经济性就越差。美国为 MPG(miles per gallon),指每加仑燃油能行驶的英里数。其数值越大,汽车的燃油经济性就越好。

2 常用汽车燃油经济性评价指标及方法

等速行驶百千米的燃油消耗量是常用的一种评价指标,指汽车在一定荷载下,以最高挡位在水平良好路面上等速行驶 100km 燃油的消耗量。但是,等速行驶工况并不能全面反映汽车的实际运行情况,特别是在市区行驶中,会频繁出现加速、减速、怠速停车等行驶工况。因此,在对实际行驶车辆进行跟踪测试统计的基础上,各国都制定了一些典型的循环行驶试验工况来模拟汽车实际运行工况,并以其百千米的燃油消耗量(或 MPG)来评定相应工况的燃油经济性。

循环行驶试验工况规定了车速-时间行驶规范,例如,何时换挡、何时制动以及行车的速度和加速度等数值。因此,它在路上试验比较困难,一般多规定在室内汽车底盘测功机(转鼓试验台)上进行测试;而规定在路上进行试验的循环工况均很简单。

我国规定小客车按二十五工况进行循环试验,如图 3-1 所示。小客车二十五工况试验循环试验表见表 3-1。

欧洲经济委员会(ECE)规定,要测量车速为 90km/h 和 120km/h 等速行驶百千米燃油消耗量和按 ECE-R.15 循环工况的百千米燃油消耗量,并各取 1/3 相加作为混合百千米燃油消耗量来评定汽车燃油经济性。美国环境保护局(EPA)规定,要测量城市循环工况(UDDS)及公路循环工况(HWFET)的燃油经济性(单位为每加仑燃油汽车行驶英里数,mile/gal),并按下式计算综合燃油经济性(单位为 mile/gal),以它作为燃油经济性的综合评价指标:

图 3-1 小客车二十五工况试验循环

K-离合器分离;K₁、K₂-离合器分离,变速器换 1 挡或 2 挡;Ⅰ、Ⅱ、Ⅲ-变速器 1 挡、2 挡、3 挡;PM-空挡;R-怠速(图中阴影部分)

小客车二十五工况试验循环试验表   表 3-1

程序号	运转顺序	工况序号	加速度(m/s²)	车速(km/h)	程序时间(s)	工况时间(s)	累计时间(s)	如系手动变速器,所用挡位
1	怠速	1			11	11	11	PM6s + K₁5s
2	加速	2	1.04	0 ~ 15	4	4	15	Ⅰ
3	匀速	3		15	8	8	23	Ⅰ
4	减速	4	− 0.69	15 ~ 10	2	5	25	Ⅰ
5	减速、离合器脱开		− 0.92	10 ~ 0	3		28	K₂
6	怠速	5			21	21	49	PM6s + K₁5s
7	加速	6	0.83	0 ~ 15	5	12	54	Ⅰ
8	换挡		0.94	15	2		56	Ⅱ
9	加速			15 ~ 32	5		61	Ⅱ
10	匀速	7		32	24	24	85	Ⅱ

续上表

程序号	运转顺序	工况序号	加速度(m/s²)	车速(km/h)	程序时间(s)	工况时间(s)	累计时间(s)	如系手动变速器,所用挡位
11	减速	8	−0.75	32~10	8	8	93	Ⅱ
12	减速、离合器脱开		−0.92	10~0	3		96	K_2
13	怠速	9			21	21	117	PM6s + $K_1$5s
14	加速	10	0.83	0~15	5	26	122	Ⅰ
15	换挡			15	2		124	K
16	加速		0.62	15~35	9		133	Ⅱ
17	换挡				2		135	K
18	加速		0.52	35~50	8		143	Ⅲ
19	匀速	11		50	12	12	155	Ⅲ
20	减速	12	−0.52	50~35	8	8	163	Ⅲ
21	匀速	13		35	13	13	176	Ⅲ
22	换挡	14	−0.86	35~10	2	12	178	Ⅱ
23	减速				7		185	
24	减速、离合器脱开		−0.92	10~0	3		188	K_2
25	怠速	15			7	7	195	PM7s

注:PM 为变速器空挡,离合器接合;K_1 为变速器换 1 挡,离合器脱开;K_2 为变速器换 2 挡,离合器脱开。

$$综合燃油经济性 = \cfrac{1}{\underset{城市循环燃油经济性}{0.55}} + \cfrac{1}{\underset{公路循环燃油经济性}{0.45}} \qquad (3-1)$$

3 乘用车燃料消耗量第五阶段标准

2014 年 12 月,国家质检总局、中国国家标准化管理委员会以 2014 年第 30 号公告发布了《乘用车燃料消耗量限值》(GB 19578—2014)和《乘用车燃料消耗量评价方法及指标》(GB 27999—2014)两项国家标准,自2016年1月1日起实施。这两项标准是面向2020年的乘用车第四阶段燃料消耗量标准。

在我国汽车节能标准体系中,《乘用车燃料消耗量限值》(GB 19578)和《乘用车燃料消耗量评价方法及指标》(GB 27999)是相互支撑、不可或缺的重要组成部分。同时,修订、加严《乘用车燃料消耗量限值》(GB 19578)和《乘用车燃料消耗量评价方法及指标》(GB 27999)是对现有乘用车节能管理的完善和升级。2019年1月24日,工业和信息化部装备工业司公开征求对两项国家标准《乘用车燃料消耗量限值》和《乘用车燃料消耗量评价方法及指标》(征求意见稿)的意见,修订这两项国家标准,旨在制定实施第五阶段乘用车燃料消耗量标准。

1)解决汽车需求持续增长带来的能源紧张和环境污染问题

近年来,随着国民经济持续快速发展和城镇化进程加速推进,我国汽车行业得到快速发展,但由此带来了能源紧张和环境污染问题。截至2020年底,全国机动车保有量已达3.72亿辆,汽车保有量为2.81亿辆,机动车四项污染物排放总量为1603.8万t,其中,CO为769.7万t,HC为190.2万t,NO_x为626.3万t,PM为6.8万t。汽车等移动源已经成为首要污染源。

2020年,全国汽车销量达到2531.1万辆,预计在今后较长一段时期内,汽车需求量保持平稳。同时,我国对进口石油依存度连年提高,2020年达到73%。因此,解决汽车需求持续增长带来的能源紧张和环境污染问题迫在眉睫。

加快培育和发展节能汽车与新能源汽车,控制并不断降低车型燃料消耗量是有效缓解能源和环境压力的重要手段,也是推动汽车产业可持续发展的紧迫任务,更是加快汽车产业转型升级、培育新的经济增长点和国际竞争优势的战略举措。因此,制定面向2025年的燃料消耗量法规是国家贯彻落实产业政策的重要措施,也是持续推动汽车行业可持续发展、提升国际竞争力的重要战略举措。

2)落实国家和行业有关汽车节能环保法律法规的要求

2016年7月修订的《中华人民共和国节约能源法》第四十五条明确规定:"国家鼓励开发、生产、使用节能环保型汽车、摩托车、铁路机车车辆、船舶和其他交通运输工具。"

国务院发布的《中国制造2025》中节能与新能源汽车部分提出,2025年,商用车新车油耗达到世界先进水平,乘用车新车平均油耗优于4 L/100 km;新能源汽车的年销量达到汽车市场需求总量的20%左右。

工业和信息化部、国家发展和改革委员会、科学技术部三部委联合发布的《汽车产业中长期发展规划》中也对2020年之后我国汽车节能与新能源的发展目标提出了明确要求,即绿色发展水平大幅提高,新能源汽车占汽车产销20%以上。

为了落实上述要求,乘用车生产企业从节能技术的研发、测试、新产品的规划、设计、新技术导入到产品实现量产,需要较长周期,节能标准法规的尽早提出使企业有充分时间进行产品布局,促进低能耗、低排放的汽车产品开发和生产。因此,我国有必要尽早修订乘用车燃料消耗量国家标准。

3)两项新国家标准的总体框架及适用范围

《乘用车燃料消耗量限值》(GB 19578—2021)的总体框架除前言外,包括范围、规范性引用文件、术语和定义、型式认证的申请、燃料消耗量的测定、型式认证值的确定和记录等、燃料消耗量限值、生产一致性、更改和认证扩展、实施日期共十章,以及附录 A (规范性附录)发动机系统特征说明、附录 B (规范性附录)燃料消耗量型式认证报告/燃料消耗量型式认证申请报告。本标准规定了乘用车燃料消耗量的限值,适用于能够燃用汽油或柴油燃料的 M1 类车辆,不适用于仅燃用气体燃料或醇醚类燃料的车辆。

《乘用车燃料消耗量评价方法及指标》(GB 27999—2019)的总体框架除前言和引言外,包括范围、规范性引用文件、术语和定义、车型燃料消耗量评价方法及指标、企业平均燃料消耗量计算方法及评价指标、生产一致性、实施日期共七章。本标准规定了乘用车车型燃料消耗量和企业平均燃料消耗量的评价方法及指标,适用于所有 M1 类车辆,包括汽油或柴油汽车、纯电动汽车、燃料电池电动汽车、可外接充电式混合动力电动汽车以及气体燃料和醇醚类燃料汽车。

4)新标准调整了车型燃料消耗量限值的评价体系和测试规程

与旧标准相比,《乘用车燃料消耗量评价方法及指标》(GB 27999—2019)的主要变化之一是,将按整车质量分组设定车型燃料消耗量的评价体系调整为以整备质量作为基准参数的线性燃料消耗量评价体系。

乘用车第五阶段标准的制定,面临着中国工况导入、国六排放标准协调等情况并存的复杂局面。基于促进整个汽车产业节能减排、保障双积分管理办法实施(继续采用企业平均燃料消耗量评价体系)和减轻企业负担等方面的考量,确定了油耗、排放标准试验工况应尽量统一的基本原则,通过对相关影响因素的分析,确定了以下主要原则和事项。

(1)2025 年以前,轻型汽柴油车暂且采用 WLTC(全球统一轻型车辆测试循环),即与排放标准相协调,以减轻企业负担;

(2)实现《汽车产业中长期发展规划》确定的 2025 年乘用车油耗平均 4.0 L/100km 的目标不变,根据新、旧试验方法对比来对总体目标进行相应换算;

（3）第五阶段油耗目标值及限值将基于 WLTP 重新确定，并在 2021 年一次性完成从 NEDC（新欧洲驾驶循环，即现行标准采用的测试规程）向 WLTC 的过渡。

5）新标准调整了车型燃料消耗量限值

《乘用车燃料消耗量限值》新标准与前版本标准相比主要变化之一是调整了车型燃料消耗量限值。第五阶段目标值及限值将基于 WLTP 重新确定，其主要技术内容及确定依据如下。

（1）WLTP 与 NEDC 燃料消耗量数据收集分析情况。通过对收集数据进行线性回归分析，可以得出 WLTP 的试验结果较 NEDC 高约 10.57%，在高质量段的差距大于低质量段。

（2）根据涡轮增压发动机与 PHEV（插电式混合动力车型）等技术路线，在 WLTP 与 NEDC 切换中对燃料消耗量的影响对基准油耗进行调整。增压发动机燃料消耗量在两种试验方法下的差异显著大于非增压发动机，相差幅度分别约为 12% 和 7%。PHEV 车型在 WLTP 下，因厂家控制策略不同，在综合能耗水平上有较大差异，总体大约恶化 20% ~ 30%。

（3）其他因素。考虑到国六实施安装 GPF（Gasoline Particulate Filter，汽油机颗粒捕集器）带来的影响，对基准点油耗目标值作了进一步调整。

《乘用车燃料消耗量限值评价方法及指标》新标准与前一版标准的另一主要变化是调整了新能源汽车核算企业平均燃料消耗量时的优惠倍数。

在该标准制定过程中通过调查分析认为，仅靠降低传统燃油汽车燃料消耗量水平较难实现 2025 年平均燃料消耗量达到 4.0 L/100 km 的整体节能目标，还需要相当比例的新能源汽车。因此，新标准在确定 2025 年及以前各年度纯电动乘用车、可外接充电式混合动力电动乘用车、燃料电池乘用车车型燃料消耗量及企业平均燃料消耗量时给予了一定优惠。在确定车型燃料消耗量时，对可外接及不可外接充电式混合动力电动乘用车、纯电动乘用车、燃料电池电动乘用车，其燃料消耗量按零计算；在确定企业平均燃料消耗量时，2025 年之前新能源汽车非化石燃料消耗暂不考虑，并在企业平均燃料消耗量核算时按照分析结果给予了优惠。

6）新标准加严车型燃料消耗量目标值

《乘用车燃料消耗量限值评价方法及指标》（GB 27999—2019）与前一版本的另一主要变化是加严了车型燃料消耗量目标值。《乘用车燃料消耗量限值评价方法及指标》（GB 27999—2019）确定了如下值：

（1）企业平均燃料消耗量（CAFC）。企业在某年度的企业平均燃料消耗量，要用该企业各车型的燃料消耗量与对应的年度生产或进口量乘积之和除以该企业乘用车年度生产或进口总量计算得出。对纯电动乘用车、燃料电池电动乘用车及满足《插电式混合动力电动乘用车　技术条件》(GB/T 32694)要求的可外接充电式混合动力电动乘用车,在计算企业平均燃料消耗量时,其生产或进口量应乘以年度倍数,2021—2025年分别按2.0、1.8、1.6、1.3、1.0倍计算。

(2)企业平均燃料消耗量目标值(TCAFC)。企业在某年度需要达到的企业平均燃料消耗量目标值应依据本标准规定的车型燃料消耗量目标值,用该企业各车型燃料消耗量目标值与对应年度生产或进口量乘积之和除以该企业乘用车年度生产或进口总量计算得出。

(3)企业平均燃料消耗量年度要求。"先宽松、后严格",逐年加严CAFC要求,2021—2025年企业平均燃料消耗量与企业平均燃料消耗量目标值的比值分别为123%、120%、115%、108%和100%。

7)新标准的发布实施将大力推动先进节能技术的推广应用

新标准进一步提出2021—2025年的乘用车燃料消耗量指标要求及新能源汽车的核算方法,确定更加合理的评价体系和基准质量等特征参数,将推动我国乘用车燃料消耗量水平的持续下降和新能源汽车产业健康、快速地发展。

从总体上看,第五阶段燃料消耗量标准的发布实施,将会大力推动先进节能技术的推广应用,提升发动机直喷增压、小型化的应用比例,促进气门技术、工作循环及压缩比等发动机部件、参数的进一步优化;推动多挡变速器、无级变速器、双离合变速器等高效、智能先进变速器的普及应用;推进制动能量回收、48 V系统及混合动力系统等先进电气化技术、能量优化部件、方案的快速发展;继续推动车辆轻量化技术的发展进步和低滚阻轮胎的广泛使用。据测算,节能标准法规的实施将会带来巨大的社会效益与经济效益,若以2020年为基准年,2021—2025年第五阶段标准(按4.0 L/100 km估算)实施期间将累计节省汽油1141.8万t,减少CO_2排放3748.5万t。

三、任务实施

通过互联网,梳理我国汽车燃料消耗量标准体系。

❓ 学习测试

1. 什么是等速行驶百千米的燃油消耗量?

2. 什么是循环行驶试验工况?

3. 目前乘用车燃料消耗对应的两个标准是什么?

学习任务2 汽车燃油经济性的影响因素认知

学习目标

1. 理解汽车燃油经济性计算的意义;
2. 会分析影响汽车燃油经济性的因素;
3. 能提出提高燃油经济性的措施或方法。

一、任务分析

影响汽车燃油消耗量的因素除汽车结构、工艺水平和车辆技术状况外,还与道路、荷载、运距、气候环境、交通情况及驾驶水平等有关,要综合考虑各种随机因素、自然因素和人为因素等的影响。

二、相关知识

汽车燃料消耗量与发动机燃油经济性、汽车结构参数、使用条件等有关,下面分析汽车燃油经济性的影响因素。

1 汽车结构方面

1)发动机

由图3-2可知,发动机中的热损失与机械损耗占燃油化学能中的65%左右。显然,发动机是对汽车燃料经济性最有影响的部件。目前提高发动机经济性的主要途径有如下五条。

(1)提高压缩比。当压缩比 ε 提高时,热效率增加,发动机动力性提高,油耗率降低。试验表明,在 $\varepsilon = 7.5 \sim 9.5$ 范围内,压缩比每提高一个单位,油耗可以下降4%以上。

汽油机压缩比的提高主要受爆震和 NO_x 污染物排放的限制,同时汽油机压缩比提高到一定程度后,不仅对提高发动机的功率和效率无明显效果,而且会增加排放物中 NO_x 的浓度。提高压缩比,需要相应汽油辛烷值,使得汽油炼制成本提高。提高压缩比的措施有:改进燃烧室和进气系统,提高发动机结构的爆震极限;使用爆震传感器,自动延迟产生爆震时的点火提前角;开发高辛烷值汽油等。

图3-2 现代中型客车城市、公路循环行驶工况的能量平衡

(2)采用汽油机电子燃油喷射系统。可燃混合气燃烧得完全,燃烧的放热量就多,这不仅能使发动机发出更大的功率,而且可使排出废气中的有害物质得到控制;燃烧得及时,可使比油耗下降,热效率提高。

与传统的化油器供给系统相比,电子汽油喷射系统通过电子技术对系统实行多参数控制,可使发动机的功率提高10%,在耗油量相同的情况下,转矩可增大20%;0~100km/h加速时间减少7%;油耗降低10%;尾气排污量可降低34%~50%;系统采用闭环控制并加装三元催化转换器,排放量可下降73%。

(3)采用多气门结构。在未来5~10年,多气门技术还将继续发展和普及。四气门的主要优点有:油嘴垂直且中心布置,使油线分布均匀;相应的燃烧室也可以采用中心布置。与偏置燃烧相比,中心燃烧室进气涡流动能的衰减要明显小得多;中置油嘴加中置燃烧室可以改善混合气的形成条件,提高燃烧质量,获得低的排放和高的转矩功率;四气门增加了气门的流通面积和流通力,进气面积可提高11%以上,排气面积可提高25%以上,从而降低了泵气损失,提高充气系数,有助于降低燃料消耗率;中置燃烧室使活塞顶上的热负荷趋于均匀,便于冷却油腔的布置,采用冷却油腔的活塞能承受更高的热负荷;四气门采用两个独立的进气道,便于实现可变进气涡流,高转速、全负荷时两个进气道都打开,而在低速时只开一个进气道,从而提高了涡流比;中置且垂直的油嘴安装位置使用,可变流道面积喷嘴,有助于减少排放,特别是低转速、低负荷的颗粒排放。

(4)采用涡轮增压技术。增压是指对新鲜空气进行预压缩的过程。增压后进入燃烧室内的新鲜空气量增多,燃烧更多的燃料,从而可以提高发动机功率。提高空气压力和降低进入汽缸的空气温度的方法是采用增压和中间冷却技术。该技术除可明显改善发动机的动力性外,还可以改善燃料经济性。实践证明,在

小型汽车发动机上采用涡轮增压技术,当汽车以正常的经济车速行驶时,可以获得相当好的燃油经济性,同时,发动机功率的增加,能得到驾驶人所期望的良好的加速性能。

采用增压技术不仅可提高功率30%～100%,还可以减少单位功率质量、缩小外形尺寸、节约原材料、降低燃料消耗。实践表明,在一般柴油机上,对进排气管作适当变动,并调整加大供油量,加装废气涡轮增压器后,可明显增加功率、降低油耗。

(5)燃烧稀混合气。稀混合气可以提高发动机燃料经济性的主要原因是,稀混合气中的汽油分子有更多的机会与空气中氧分子接触,容易燃烧完全,同时混合气越接近于空气循环,绝热指数 K 增大,热效率随之提高;燃用稀混合气,由于其燃烧后最高温度降低,使汽缸壁传热损失较少,并使燃烧产物的离解减少,从而提高了热效率。另外,采用稀混合气,由于汽缸内压力、温度低,不易发生爆震,则可以提高压缩比,增大混合气的膨胀比和升高温度,减少燃烧室残余废气量,因而可以提高燃油的能量利用效率。但若混合气过稀,燃烧速度过于缓慢,等容燃烧速度下降,混合气发热量和分子改变系数减小,指示功减小,但机械损失功变化很小,使机械效率下降;混合气过稀,发动机的工作对混合气分配的均匀性和汽油、空气及废气三者的混合均匀性变得更加敏感,循环变动率增加,个别缸失火的概率增加。

2)传动系统

汽车传动系统的挡数、传动比及传动系统效率对汽车燃烧经济性都有很大影响。

为了降低汽车的燃料消耗量,不仅希望发动机有效燃料消耗率的数值尽可能小,而且还希望发动机工作在特性曲线的最佳比油耗区。传动系统的传动比(主要是变速器的传动比)影响发动机工作特性曲线与汽车行驶阻力之间的匹配性。传动系统的传动比应使发动机在经济工况下工作。

(1)变速器挡位数的影响。在一定的行驶条件下,变速器应尽量用较高挡位。例如在良好水平路面上,在某些速度下,既可用最高挡位行驶,又可用次高挡位行驶,则采用高挡位行驶比较省油。因为在相同车速、相同阻力功率的情况下,采用高挡位,发动机行驶阻力保持不变,所以,100km 燃料消耗较小。由此可知,能够用高挡位行驶时,尽量用高挡位行驶。

传动系统的挡位越多,汽车在运行过程中越有可能选用合适的传动比,使发动机处于经济的工作状况,以提高汽车的燃料经济性。因此,近年来小客车手动变速器已基本上采用5挡。大型货车有采用更多挡位的趋势,如装载质量为4t的五十铃货车,装用了7挡变速器。由专职驾驶人驾驶的重型汽车和牵引车,为了改善动力性和燃油经济性,变速器的挡位可多至10~16个。但挡位数过多会使变速器结构更加复杂,同时操纵机构也过于烦琐,从而使变速器操作不便,换挡困难。为此,常在变速器后接上一个2挡或3挡的副变速器。

如果无级变速器的传动效率与机械式有级变速器的传动效率同样提高,则采用无级变速器最理想,它可使发动机的工作特性与汽车的行驶工况始终有最佳的匹配。

(2)超速挡的应用。传动系统直接挡的总减速比(主减速器传动比),是根据良好路面上的功率平衡图及直接挡要求的动力因素来选择的。这样的传动比,在中等车速下,节气门开度仍然不大,发动机的燃油消耗率较高。为了改善良好路面上行驶时的燃油经济性,常不改变主减速器传动比,而在变速器中设一个传动比小于1的超速挡。在相同的车速和道路条件下,用超速挡比用直接挡时发动机的转速低、负荷率高,故燃油消耗率下降,因而可降低汽车的100km燃油消耗量。

(3)主减速器传动比的影响。主减速器的传动比选择较小时,在相同的道路条件和车速下,也同样使发动机的燃油消耗减小,有利于提高汽车的燃油经济性。但主减速器传动比过小,会导致经常被迫使用低一挡的挡位,最小传动比挡位的利用率降低,反而使燃油消耗量增加。

(4)传动系统的机械效率。传动系统的效率越高,则传动过程中的功率损失越少,汽车的燃油消耗量也随之减少。

2 减小汽车行驶中的行驶阻力

汽车行驶过程中,滚动阻力和空气阻力在任何行驶条件下均会产生,因此汽车经常需要消耗功率来克服这些阻力。所以,减小汽车行驶中的滚动阻力和空气阻力,对节约燃油、提高汽车的燃油经济性很有意义。

1)减小汽车的滚动阻力

汽车的滚动阻力与路面状况、行驶车速、轮胎结构,以及传动系统、润滑油料等都有关系。

(1)路面状况对汽车滚动阻力的影响。众所周知,在汽车总质量一定的情况下,汽车行驶的滚动阻力主要决定于滚动阻力系数。不同路面的滚动阻力系数相差很大。汽车在不平的路面上行驶时,经常跳动,引起悬架装置和轮胎变形的增加,滚动阻力增大。因此,为了节约燃油,一定要修好路面、养好路面。

（2）汽车行驶速度对滚动阻力的影响。行驶车速对轮胎滚动阻力的影响很大，前面已给出了较多的分析。如图 3-3 所示，货车及小客车轮胎在车速 100km/h 以下时，滚动阻力逐渐增加但变化不大；小客车轮胎在 140km/h 以上时滚动阻力增长较快；车速达到某一临界车速，例如 200km/h 左右时，滚动阻力迅速增长，此时轮胎发生驻波现象，从而使滚动阻力显著增加。所以从经济性的角度出发，在使用汽车时，货车的车速最好控制在 100km/h 以下，小客车的车速最好控制在 140km/h 以下。

图 3-3 汽车行驶车速对滚动阻力的影响

（3）轮胎气压对滚动阻力的影响。轮胎的充气压力对滚动阻力系数影响很大，气压降低时，滚动阻力系数迅速增大。当汽车在良好的硬路面上以 50km/h 以下的速度行驶时，汽车的滚动阻力占总行驶阻力的 80% 左右。

滚动阻力系数取决于轮胎径向变形量。对于一定规格、层次的轮胎来说，径向变形量的大小主要取决于轮胎承载负荷和胎内气压。气压下降，径向变形量增大，滚动阻力系数增大，油耗增加。如当汽车各轮胎的气压均较标准（各车型规定值）降低 49kPa，就会增加 5% 的油耗；而当轮胎气压低于标准的 5%～20% 时，就会减少 20% 的轮胎行驶里程，相应增加 10% 的油耗。可见，保持轮胎气压在标准范围内，是减小滚动阻力、降低油耗的有效措施。

（4）轮胎类型对滚动阻力的影响。轮胎的结构、帘线和橡胶的品种对滚动阻力都有影响。子午线轮胎比斜交胎的滚动阻力系数小。这是因为子午线轮胎的胎线层数比斜交轮胎的层数少，一般为 4 层，从而层与层之间的摩擦损耗减小。同样层数和规格的轮胎，子午线轮胎接地面积比斜交轮胎大，接地印痕呈长方形，而斜交轮胎印痕呈椭圆形，因此斜交胎对地压强小且均匀，轮胎的变形量减小。当轮胎滚动一周时，子午胎与地面相对滑移量小，可多走 2% 左右，其耐磨性可提高 50% ~70% 。研究表明,汽车轮胎滚动阻力减小 4% ,油耗可下降 1% 左右。例如人字形花纹轮胎反向使用时,滚动阻力比顺向使用时减少 10% ~25% ,可降低油耗 3% ~8% 。

2)减小汽车的空气阻力

(1)汽车车身结构与燃油消耗量的关系。空气阻力与汽车车身结构密切相关,它由发动机产生的牵引力来克服。减小空气阻力,就可降低发动机消耗的功率,从而降低汽车的耗油量。要减小空气阻力,就必须减小汽车的迎风面积,并使之具有合理的流线型,从而降低空气阻力系数 C_D 。另外,还要保持中速行驶。

C_D 值取决于汽车的外形,即汽车的流线型。汽车的外形从箱形、甲壳虫形、船形、鱼形到楔形,经过了 5 个发展时期。当今公路上实用汽车的行驶速度已达到 $100 \sim 150km/h$ 。为了保证较小的空气阻力和可靠的行驶稳定性,降低汽车的油耗,必须改善汽车车身的空气动力性能。

(2)改善汽车车身空气动力性能的措施。为了降低空气阻力,达到节油的目的,小客车的外形必然是在楔形的基础上不断改进为良好的流线型。货车及各类箱式车辆,尤其是大型牵引挂车,为了实用的目的,其巨大的车身一般均为非流线型,要想降低其空气阻力,解决方法就是广泛使用各种局部的减阻装置。比如小客车的车速较高,容易在汽车尾部形成吸气涡流,为避免这种情况,可以在小客车的尾部加装空气导流器。安装后,节油效果明显。

3 汽车轻量化技术

钢铁材料仍是汽车的主要用材,但其所占的比例呈下降趋势。有色金属和塑料所占的比例上升得最快。直接原因是对汽车轻量化的要求越来越高,而有色金属和塑料本身性能的改善和加工工艺的进步也为其扩大应用创造了条件。其他非金属材料的比例提高也是令人瞩目的。这主要是由于对车辆的舒适性要求逐年提高,装饰更为高级、豪华,各种涂料、皮革、织物等非金属材料的用量越来越大。也正是由于汽车趋向于快速、高级、豪华、舒适、安全,形形色色的附配装置大量使用,使汽车的总质量有了较大的增加,进一步加剧了汽车轻量化的迫切性与难度,汽车材料的这种变化趋势还会继续下去。

1)汽车轻量化技术

汽车轻量化技术可采用"比铁更轻的金属材料""可重复使用的塑料""车体和部件的结构更趋合理化的中空型结构"等对策。例如,高强度钢板制的车体材料、铝制发动机机体、铝合金飞轮、塑料消声器等的使用已趋普遍,而悬架部件、燃油箱轻量化则刚开始。此外,把发动机的凸轮轴和曲轴等旋转部件制成中空化结构,以减轻质量。汽车轻量化,往往是通过这些细小技术的措施来使整体轻量化的。

发动机的质量,除决定于公称尺寸这一因素之外,还受材料的选择和制造技术所制约。使用薄壁铸造技术,用轻合金和塑料等所制造的汽缸体和汽缸套,铝合金制的发动机机体和曲轴,回转部分的中空结构,发动机凸轮轴和曲轴的以塑代钢、以陶代钢,以及采用陶瓷活塞销等,使零部件轻量化、小型化,从而可实现提高功率、节能和燃料费降低的目标。

2)材料轻量化

(1)各种汽车材料的密度。汽车各种材料的密度有很大差异,因此存在着以轻量化材料替代高密度材料,从而减轻零部件的可能性。但是由于材料性能各异,特别是强度和刚度不同,材料间未必能等容积互代,低密度材料往往需要加大制件的尺寸才能等效地替代高密度材料。

(2)现用轻量化材料。汽车轻量化材料中具有代表性的有轻金属、高弹力钢、塑料等。在构成材料中,这些材料的占比渐渐增加。根据通用汽车公司的战略,今后将转向使用铝和塑料的轻量化材料。各汽车制造厂和研究所对轻型新材料研究虽十分盛行,但对大批量生产还存在成本平衡问题。在汽车界价格激烈竞争的情况下,轻量化带来的成本提高是不容易得到认可的。实施轻量化,应尽可能降低成本的提高幅度,这正是设计者们的目标。

(3)新型轻量化材料。多数新材料是在航空航天工业开发过程中产生的,现在汽车上使用的高强度钢,也是在20世纪60年代火箭开发中成熟起来的,新陶瓷、碳纤维是航天飞机和火箭中必用的材料。现在市场规模小,只有在今后进入成长期,并能迅速批量生产和低价格化时,才可在汽车上得到应用。

3)轻量化材料减轻汽车质量的潜力

目前汽车的主导材料是钢。钢在汽车材料中的主导地位已受到密度较小的塑料和铝的竞争。其主要领域仍限于小客车车身,而不是动力和传动系统,这是因为后者所包含的零部件大多是高应力件,所用钢种是高强度的中碳钢或合金中碳钢,往往运用热处理以及渗碳等化学热处理增强工艺。但车身应用低强度的低碳钢,其地位受到塑料和铝的挑战。

小客车质量中占比较大的车身壳体及车门、发动机舱盖、行李舱盖板、前后保险杠,以及汽油箱、座椅等薄板附件。现代汽车前后保险杠已基本实现了以塑料代替钢,汽油箱大体上也已被塑料占领,其他附件正处在激烈竞争状态。行李舱盖板和发动机舱盖等水平零部件是塑料和铝的发展热点。

传统的小客车车身是一种薄壳体,所用钢板已经很薄。由于钢的密度远远超过铝和塑料,从竞争角度,还需继续减薄和降低质量。车身用钢的发展方向,一是提高强度,二是提高延性,三是提高抗蚀性。此外,还要在采用这些新材料基础上,改善结构设计和制造成型技术。

不同种类的汽车对材料的需求是不同的,一般来说,小客车用铸铁和铸钢件较少,大多被铸铝件取代,相对来说小客车使用有色金属是比较多的。汽车所用的材料,由于节省能源、节省资源、轻量化的需要而有所变化,新材料相继被推出、应用。

4 汽车使用节能技术

1)汽车节油驾驶

汽车节油驾驶是整个汽车驾驶操作技能的主要组成,因为节省燃油会有直接的经济效益,熟练地掌握和运用这项操作技能驾驶汽车,一般可节油2%~12%。

要实现节油驾驶操作,首先要掌握基本的汽车驾驶操作规范,并做好车辆维护,包括针对节油要求的各项调整维修,发现故障及时维修,确保汽车技术状况良好,不带病行车。还必须坚决改掉不符合规范的费油操作习惯,然后根据具体车况、路况灵活运用各种节油操作技能,就会有效地得到良好的节油效果。

由于各种汽车的结构、性能有所不同,驾驶人还应随时随地按照所驾驶车辆使用说明书中的要求操纵车辆,既能保证顺利地行车,也能做好节油驾驶。

2)发动机起动与升温

发动机的起动,一般分为常温起动、冷起动和热起动。当大气温度或发动机温度高于5℃时,起动发动机不需要采取辅助措施,这种操作称为常温起动。而大气温度或发动机温度低于5℃时,起动发动机称为冷起动。发动机温度在40℃以上起动发动机称为热起动。

(1)发动机的常温起动。发动机常温起动的操作要领是:轻踩加速踏板,尽可能做到一次起动成功,起动后保持发动机低中速运转。试验表明:升温转速过低,升温时间加长,油耗增加;升温转速过高,油耗也增加,还会增加零件磨损。当发动机冷却液温度升到40℃时,尽快转到怠速运转和准备起步。

(2)发动机的冷起动。我国北方地区寒冷的1月平均气温达-20℃以下,西北、东北及高原严寒地区最低温度达-30~-40℃。低温对汽车行驶的影响,首先是发动机的冷起动,如果不采取必要的冷起动措施,不但发动机起动困难,而且起动油耗增加和发动机磨损增大。低温冷起动汽油发动机的主要困难有以下3项。

①低温下机油黏度变大,曲轴旋转阻力矩增大,发动机起动转速降低,汽缸内气流扰动作用变差,燃料与空气混合不均匀。

②随着温度降低,汽油的挥发性显著下降,黏度和相对密度增大、流动性变差,雾化不良,相当一部分汽油以液态进入汽缸,造成混合气过稀。

③低温下蓄电池电解液黏度增大,向极板渗透能力下降,内阻增大,蓄电池端电压下降,输出功率减小,以致起动机无力拖动发动机旋转或不能达到最低的起动转速。火花塞跳火能量也变小,不能"点燃混合气"。

在寒冷地区的汽车,发动机冷起动的措施是:采用低温黏度的机油;预热进气系统,以提高发动机进气温度,改善燃油雾化条件;加热汽缸体水套,以提高汽缸内温度,改善燃烧过程。在严寒地区应采用蓄电池加热保温箱,防止蓄电池电解液温度过低而导致输出功率过低,并保证向蓄电池正常充电;对进气系统应喷入起动汽油(柴油机为起动液)以改善混合气质量等。

目前在发动机汽缸体中已普遍灌注乙二醇型冷却液。结合采用各低温黏度机油和发动机的预加热装置等,是冬季起动发动机节省燃油的有效措施。

(3)发动机的热起动。汽车在行驶过程中经常有临时停车后重新起动发动机的情况,由于这时发动机冷却液温度较高,称为发动机的热起动。热起动时应轻踩加速踏板,做到一次顺利起动,如果重踩加速踏板起动发动机,反而费油。

在发动机起动升温时,为了节省燃油,应该待发动机冷却液温度升到40℃以上才起步行驶。由于起步冷却液温度低时,燃油雾化不良、发动机不能正常工作,加之机油黏度较大,摩擦损失功率增加,都会增加油耗。

3)汽车起步加速

汽车起步加速要求做到发动机既不熄火又能省油,关键在于正确掌握抬离合器踏板和踩加速踏板的要领。

汽车平路起步时,驾驶人左脚完全踩下离合器踏板,将变速器操纵杆置于低挡位置,左手握转向盘,右手放松驻车制动器操纵杆,当左脚抬离合器踏板时,这个操作应分两个阶段,前一阶段动作适当快一些,待传动零件稍有振抖,发动机声音略有变化,即离合器与飞轮刚接合,这时,抬离合器踏板的动作(后一阶段)在这一位置稍作短暂停留,同时,右脚轻轻踩下加速踏板,左脚再缓慢抬起离合器踏板,使车辆平稳起步。

右脚踩下加速踏板的限度,可以听发动机的声音判断,以声音增高较柔和为宜。如果加速踏板踩下过猛,发动机会出现发"闷"的吼声,说明加速过量,应稍抬加速踏板,防止发动机短期内出现高负荷,引起车辆加速过快向前冲动。如果加速踏板踩下深度不够,会感到车辆动力不足,应再适当踩下加速踏板。如果加速踏板踩得不够而离合器踏板抬起过猛,会使发动机熄火,只能重新起步。以上3种操作都会增加油耗,关于踩踏加速踏板对提速和油耗的关系,一般来说踩踏加速踏板轻(缓加速)时,油耗较小但提速慢;踩踏加速踏板重(稍重)时,提速较快但费油。

汽车在坡道上起步时要平稳起步,必须做到操纵驻车制动、离合器踏板和加速踏板的动作相互配合得当,即右手握住驻车制动器操纵杆,右脚轻踩加速踏板,使发动机转速提高到中等程度,这时抬离合器踏板到半接合状态,当听到发动机声音发生变化时缓缓放松驻车制动,同时逐渐踩下加速踏板和慢抬离合器踏板,做到平稳起步。如果手脚操作配合不当,会使汽车倒退,发动机熄火,必将增加油耗。

汽车起步加速时还要做好初始挡位的选择,因为汽车起步要克服车辆的静止惯性,需要有较大的驱动力,由于发动机提供的转矩不能直接满足汽车起步的需要,就要通过在汽车变速器上选择1挡、2挡位置的减速增扭作用,可加大车轮的驱动转矩,达到提高汽车起步驱动力的目的。

汽车满载以及空载在坚实平坦的路面上可用2挡起步,既能满足汽车起步加速的动力要求,又能有效地节约燃油。当汽车起步阻力很大时,如在坑洼土路和泥泞道路,以及拖带挂车和半挂车满载起步时才采用1挡起步。

4)汽车行驶

汽车行驶过程中,随着道路状况、交通流量等具体情况的变化需要更换变速器的挡位,使驱动车轮获得所需的牵引力,以克服变化的行驶阻力,这就面临挡位及换挡时机的选择问题。

一般的变速器有4~5个前进挡位和一个倒挡,其中1挡、2挡为低速挡,其传动比大,减速增扭作用显著,主要用于汽车起步、爬陡坡等要求牵引力大的工况,但油耗大,不宜长时间使用。3挡为中速挡,是汽车由低速到高速或由高速到低速的过渡挡位,还适用于转急弯、窄路、窄桥会车和通过困难路段等工况,车速稍快,但油耗较大,仍不宜长距离行驶。4挡、5挡为高速挡,由于传动比小或直接传动,所以传递到驱动轮上的转矩较小,且车速快,是汽车在良好路面上行驶的常用挡位。

(1)汽车行驶时的换挡。汽车行驶时应及时换挡,它对油耗的影响很大。及时换挡一般有以下几方面的内容:

①汽车在平原或丘陵地带低挡起步后,在道路和交通条件良好、车速不受限制情况下,应及时逐级加挡,换入高速挡位行驶,不仅可提高车速,而且节油。

②汽车在坡道行驶能用相邻较高一级挡位时,应及时换入较高的挡位,但换入高一级挡位后行驶距离很短,或车速难以升起时,则应及时减挡,仍用相邻较低一级的挡位行驶。

③汽车在陡坡行驶,如坡道不长,交通条件允许,并用高速挡能够冲上坡顶的情况下,不需减挡爬坡,尤其是柴油车在坡道上能以较高车速通过。对于较长坡道或较大陡坡道,汽车用高速挡不能爬过时,"高挡不硬撑",应及时逐级减挡,不要等汽车惯性消失才换挡,否则等于汽车在陡坡上重新起步,将增加油耗。

(2)汽车行驶中掌握好换挡时机。汽车及时换挡除了选用合适挡位外,掌握好换挡时机,对节油十分重要。换挡时机一般用换挡时的车速来表示,可用距离或时间来表示。试验表明:汽车在平路上行驶必须按最佳的换挡时机自低速挡依顺序换入高速挡,超前或滞后换挡都会费油。

由于各种车型的结构不同,最佳换挡车速和距离也不同,甚至同一类型的汽车也不尽相同。具体到某一车辆就需要驾驶人自己摸索,才能逐步掌握好最佳换挡时机。

(3)汽车行驶中的换挡操作。汽车在坡道上的减挡操作相对于在平路上的换挡操作要突出一些。减挡过早是指汽车在坡道速度下降很少,甚至没有下降,还不到换挡时机就换到低一级挡位行驶,导致不能充分利用汽车惯性来克服行驶阻力,反而抑制惯性,增加阻力,造成油耗增加。减挡过迟一般是指汽车在坡道上速度下降到该减挡的时刻而没有及时减挡,推迟了换挡时机。由此可知,汽车上坡减挡的关键是既要利用汽车惯性,又不可使汽车惯性过多消失,才能做到节约燃油。

一脚离合器换挡的加挡程序是:当车辆需要提高车速而增高一级挡位(加挡)时,迅速抬加速踏板,同时踩下离合器踏板,将变速器操纵杆从原挡挂入空挡位稍作停顿再换入高挡位,快抬离合器踏板和踩加速踏板使汽车继续行驶。减挡程序是:当车辆受到交通环境变化和坡道行驶时使车速降低,以及道路阻力增大需要减低一级挡位时,可稍抬加速踏板,同时踩下离合器踏板,将变速器操纵杆摘下后迅速换入低挡,快抬离合器踏板和踩加速踏板使汽车继续行驶。以上操作程序可以简化:抬加速踏板(减挡时稍抬),同时踩下离合器踏板;将变速器操纵杆从原挡位迅速换入新挡位(加挡时稍缓);抬起离合器踏板和踩加速踏板行车。

(4)汽车行驶速度的合理选择。控制汽车行驶速度除了确保安全地完成生产任务外,也是为了节约汽车燃油和降低运输成本,合理地选择安全和节油的车速是驾驶人节油驾驶操作中最为主要的环节。

汽车行驶过程的燃油消耗,不仅取决于发动机的单位燃油消耗,还取决于汽车克服行驶阻力所需的功率。当车速低时,克服行驶阻力所需功率较小;但发动机负荷低而比油耗上升,导致油耗增加;当车速高时,发动机负荷高而比油耗下降,但车速提高克服行驶阻力所需的功率较大,超过了发动机比油耗下降的效果,也会使油耗增加,所以汽车速度较低和较高都会增加油耗,只有在中间某一速度时油耗最低,这个车速称为经济车速。汽车在每个挡位行驶时,都有一个对应油耗最低的车速,这就是各挡位的经济车速。

根据国家标准测定汽车在平坦的混凝土、沥青路面上,用最高挡等速行驶油耗特性曲线中最低燃料消耗量的车速称为技术经济车速,技术经济车速仅是评定汽车燃料经济性的一项指标。汽车在完成客货运输生产时必须服从运输任务的要求和适应各种主、客观条件,以此运用相应的最低油耗或较低的行车速度,做到既能较好地完成运输任务,又能节约燃油,这种行车速度称为运行经济车速。它可以通过公路行驶实地测试求得,也就是汽车使用说明书提供的该车满载、最高挡和一定的运行条件下的经济车速;但是运行经济车速只是一个车速点,经验丰富的驾驶人也不可能将车速长期稳定在某个点上。为了便于做好节油驾驶操作,将经济车速前后及油耗比较低的车速划为一组,称为运行经济车速范围,具有实用意义。在一般的情况下,汽车在整个运行过程中使用最高挡位行驶在良好公路上的总行程和总油耗所占的比例相当大(70% ~ 90%),所以用上述最高挡位车速作为汽车的运行经济车速。对于其他挡位、低级公路和山区公路的运行经济车速,也可通过测试得出。

汽车在公路上行驶时,驾驶人为了节约燃油,应该根据当时的道路和路面状况、交通流量、气候风向、车辆载重等不同工况随时调整加速踏板,尽可能保持在运行经济车速范围内运行,更应尽量避免不必要的高速行车而使油耗剧增。一般来说,汽车在良好的交通条件下行驶,用最高挡和运行经济车速范围的下限行驶;当汽车行驶阻力增大,以及交通繁杂、不能用最高挡行驶时,应及时换入低挡并保持在该低挡的经济车速范围内行驶。驾驶人在生产实践中积累经验,便能做到灵活地运用好运行经济车速,创造出优良的节油效益。

三、任务实施

请参阅教材文献等资料,并结合自己体会,撰写一份2500字左右的汽车节油报告。

? 学习测试

一、填空题

(1) 由汽车燃料消耗方程可知,汽车的燃料经济性主要取决于＿＿＿＿＿＿＿和＿＿＿＿＿＿＿。

(2) 在良好的路面上,汽车在一定车速范围内,既可以用最高挡行驶,也可以用次高挡行驶,此时应选用＿＿＿＿＿＿＿行驶。

(3) 变速器设置超速挡的目的是＿＿＿＿＿＿＿＿＿＿＿,所以超速挡又称＿＿＿＿＿＿＿挡。

(4) 汽车制造厂生产的某车型燃料消耗量考核指标是＿＿＿＿＿＿＿,其值必须符合国家规定的限值指标,方能通过考核。

二、判断题

(1) 汽车行驶速度越快,燃油经济性越好。　　　　　　　　　　　　　(　　)

(2) 汽车拖挂运输可使汽车的百千米油耗下降,从而起到节油效果。(　　)

(3) 一般来说,道路条件越好,发动机的功率利用率越低。　　　　　(　　)

(4) 汽车列车之所以能节省燃料,是由于它的百千米油耗减少了。　(　　)

(5) 试验表明,一般发动机在较低的转速范围和低负荷率时,其经济性较好。　　　　　　　　　　　　　　　　　　　　　　　　　　　　(　　)

(6) 为了降低百千米耗油量,提高汽车燃料经济性,应尽量增加汽车质量,以提高负荷率。　　　　　　　　　　　　　　　　　　　　　　　(　　)

(7) 汽车在良好路面上采用加速滑行的优越性是发动机功率利用率高和单位行驶里程油耗低。　　　　　　　　　　　　　　　　　　　　　　(　　)

(8) 为了提高汽车的经济性,变速器挡位设置应适当增加挡位数。　(　　)

三、选择题

(1) 变速器挡位数增多,则(　　　)。

　　A. 动力性提高,经济性提高　　　　　B. 动力性提高,经济性下降

　　C. 动力性下降,经济性提高　　　　　D. 动力性下降,经济性下降

(2) 我国规定的汽车燃油经济性的综合评价指标为(　　　)。

　　A. 等速百千米燃油消耗量　　　　　B. 加速油耗

　　C. 循环工况百千米油耗　　　　　　D. 混合油耗

四、问答题

(1)什么是等速百千米燃油消耗量? 我国对汽车的燃油经济性评价是如何规定的?

(2)为什么说汽车列车运输经济性好?

(3)采用高速挡位行驶为什么能够节油?

(4)为什么滑行可以节油?

(5)变速器为何设置超速挡?

(6)保持发动机良好的技术状况以利于提高燃料经济性的主要措施有哪些?

(7)汽车燃料消耗量试验方法有哪些?

(8)从使用技术方面来讲,提高燃料经济性的措施有哪些?

项 目 4

汽车行驶安全性检测

学习任务 1　汽车制动性认知

学习目标

1. 会分析汽车的制动过程；
2. 能说出汽车动力性评价指标；
3. 理解前后轮制动器制动力的比例对汽车制动稳定性的影响；
4. 会分析汽车动力性的主要影响因素；
5. 了解防抱死制动系统结构与基本工作原理。

一、任务分析

　　汽车制动性能的好坏，直接关系到汽车的行车安全和运输效率。在紧急情况下，良好的制动性能，可以化险为夷，避免交通事故；正常行驶时，良好的制动性能，可以为汽车动力性的充分发挥起保障作用，从而提高汽车的运输效率。本任务首先分析汽车的制动过程及制动时车轮的受力情况，然后在此基础上，介绍影响车轮制动的主要因素。

二、相关知识

　　汽车行驶时，能在短距离内迅速停车且维持行驶方向稳定性，在下长坡时能维持一定车速，以及在坡道上能长时间保持停住的能力称为汽车的制动性。汽车的制动性直接关系到汽车的行车安全，只有在保证汽车安全的前提下才能充分发挥汽车的其他使用性能，诸如提高汽车车速、汽车的机动性能等。汽车的制动性不仅取决于制动系统的性能，还与汽车的操纵性能、轮胎的机械特性、道路的附着条件以及驾驶人的操作有关系。

1 汽车制动性能的评价指标

汽车制动性主要从制动效能、制动抗热衰退性和制动时汽车的方向稳定性 3个方面来评价。

1) 制动效能

制动效能是指汽车迅速降低行驶速度直至停车的能力,是制动性能中最基本的评价指标。它是由制动力、制动减速度、制动距离和制动时间来评定。

(1) 制动力。汽车在制动过程中人为地使汽车受到一个与其行驶方向相反的外力,汽车在这一外力作用下迅速地降低车速以至停车,这个外力只能由地面和空气提供。通常空气阻力较小,起决定作用是由地面提供的制动力,该制动力称为汽车的制动力。

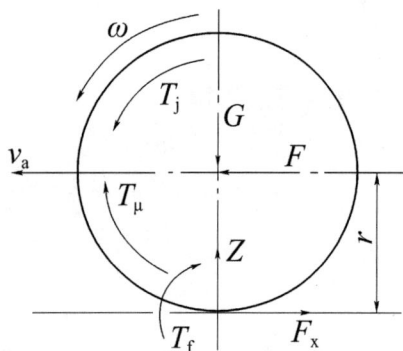

一般汽车是通过车轮制动器使汽车车轮受到与汽车行驶方向相反的地面切向反作用力来实现制动作用的,这个地面对车轮的切向反作用力称为地面制动力。

图 4-1 为汽车在良好的硬路面上制动时的车轮受力图。图中 T_μ 为车轮制动器的摩擦力矩,T_j 为汽车回转质量的惯性力矩,T_f 为车轮的滚动阻力矩,F 为车轴对车轮的推力,G 为车轮的垂直荷载,Z 为地面对车轮的法向反作用力。

图 4-1　制动时车轮受力图

在制动过程中滚动阻力矩 T_f、惯性力矩 T_j 相对都较小时可忽略不计。地面制动力 F_x 可写为

$$F_x = \frac{T_\mu}{r} \tag{4-1}$$

式中:r——车轮半径。

地面制动力 F_x 是汽车制动时地面作用于车轮的外力,F_x 的值取决于车轮的半径与制动器的摩擦力矩 T_μ。

在轮胎周缘克服车轮制动器摩擦力矩所需的力称为制动器制动力 F_μ,即

$$F_\mu = \frac{T_\mu}{r} \tag{4-2}$$

式中:T_μ——车轮制动器(制动蹄与制动鼓相对滑转时)的摩擦力矩。

制动器制动力 F_μ 取决于制动器结构、形式与尺寸大小,以及制动器摩擦副摩

擦因数和车轮半径。一般情况下,其数值与制动踏板力F_p成正比,即与制动系统的液压或气压大小呈线性关系。对于结构、尺寸一定的制动器而言,制动器制动力主要取决于制动踏板力与摩擦副的表面状况,如接触面积大小,表面有无油污等。

与驱动的情况相同,制动时地面作用给车轮的地面制动力F_x要受到一极限值的限制,这个极限值称为地面附着力,用符号F_φ表示,其大小为

$$F_\varphi = Z \cdot \varphi \qquad (4\text{-}3)$$

式中:φ——地面的附着系数。

附着系数φ与路面的材料、路面状况、轮胎结构及汽车的行驶速度有关。

在不考虑附着系数变化的制动过程中,地面制动力F_x、制动器制动力F_μ及附着力F_φ随制动踏板力F_p的变化关系如图4-2所示。车辆制动时,车轮有滚动或抱死滑移两种运动状态。当制动踏板力$F_p(F_p < F'_p)$较小时,制动器摩擦力矩不大,路面与轮胎间摩擦力(即地面制动力F_x)足以克服制动器摩擦力矩使车轮滚动。车轮滚动时的地面制动力等于制动器制动力(F_μ),且随踏板力F_p的增长成正比增长。但当

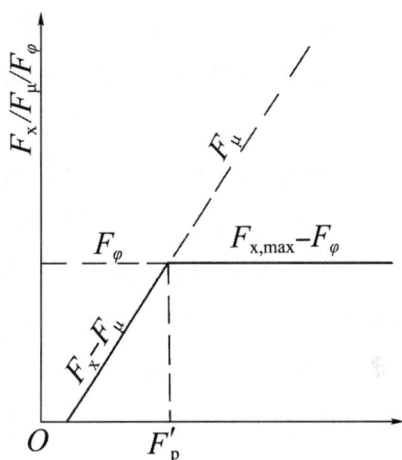

图4-2　地面制动力、制动器制动力及附着力之间的关系

制动踏板力$F_p = F'_p$时,地面制动力F_x等于附着力F_φ,车轮即抱死不转而出现拖滑现象,显然,地面制动力F_x受轮胎与路面附着条件的限制,其最大值$F_{x,max}$不可能超过附着力F_φ,即

$$F_x \leq F_\varphi = Z \cdot \varphi \quad \text{或} \quad F_{x,max} = F_\varphi = Z \cdot \varphi \qquad (4\text{-}4)$$

当车轮抱死而拖滑后,随着制动踏板力继续增大($F_p > F'_p$),制动器制动力F_μ由于制动器摩擦力矩的增长而直线增大,但地面制动力F_x达到极限值F_φ后不再增加。可见,地面制动力F_x首先取决于制动器制动力F_μ,但同时又受到地面附着条件(F_φ)的限制。所以,汽车制动时必须具有足够的制动器制动力(制动器摩擦力矩),同时路面又能提供高的附着力,才能获得足够的地面制动力。

由上述分析可见,制动力是评价汽车制动性能的最本质因素。制动力便于在制动试验台上测量,这种检测方法在汽车综合性能检测站广泛采用。通过制动力的检测不仅可以测得各车轮制动力的大小,还可了解汽车前、后轴制动力合理分配,以及各轴两侧车轮制动力平衡状况。若同时测得制动协调时间,便能较全面地检验车辆的制动性能。

值得指出的是,在试验台上检测车轮制动时,与车辆行驶中制动情况类似,车轮也会出现两种运动状态:一种是车轮转动状态,此时试验台将测得与制动踏板力相对应的最大车轮制动力(等于制动器制动力);另一种是车轮处于停转(试验台滚筒相对车轮轮胎滑转)状态,此时试验台测得的车轮制动力(相当于前述的地面制动力)将等于轮胎与试验台滚筒之间的附着力,这往往小于车轮制动器动力,而无法测得车轮制动器制动力的最大值,因为附着力大小是和轮胎与滚筒之间的正压力及附着系数有关。正压力与轴荷载大小及车轮在试验台上与滚筒之间的安置角有关,在实际检测时,该轴荷载多半是车辆空载状态。为排除这种检测的不确定性,可通过增加相应车轴上的附加质量或作用力来获得足够的附着力。

(2)制动距离。各国对制动距离的定义不一致,在我国安全法规中,制动距离是指在指定的道路条件下,机动车在规定的初速度下急踩制动踏板时,从脚接触制动踏板(或手触动制动手柄)时起至车辆停住时止车辆驶过的距离(见 GB 7258—2017)。制动距离与行车安全有直接关系,而且最为直观。驾驶人可按预计停车地点的距离来控制制动强度,故政府职能部门通常按制动距离的要求制定安全法规。制动距离与制动过程中产生的地面制动力以及制动传动机构与制动器工作滞后时间有关,而地面制动力与检验时施加在制动踏板上的踏板力或制动系统的压力(液压或气压)以及路面的附着条件有关,因此,测试制动距离时必须对制动踏板力或制动系统的压力以及轮胎与路面的附着条件作出相应的规定。

(3)制动减速度。对某一具体车辆而言,制动减速度与地面制动力是等效的,因此也常用制动减速度作为评价制动效能的指标。

制动减速度 j 与地面制动力 F_x 及车辆总质量有关,以下式表示

$$j = \frac{g}{\delta G} F_x \qquad (4\text{-}5)$$

式中:G——汽车总重力;

g——重力加速度;

δ——汽车回转质量换算系数。

制动减速度在制动过程中是变化的,如图 4-3 所示,当车辆制动到全部车轮抱死滑移时,汽车回转质量换算系数 δ 等于 1,而此时地面制动力 $F_x = F_\varphi = G\varphi$,由此可得最大制动减速度为

$$j_{max} = g\varphi$$

通常车辆检测时用平均减速度或最大减速度作为制动效能的评价指标,在

我国的安全法规中采用充分发出的平均减速度 MFDD(Mean Fully Development Deceleration)作为制动效能的评价指标,即

图4-3　制动过程中制动减速度变化

$$\mathrm{MFDD} = \frac{v_{\mathrm{b}}^2 - v_{\mathrm{e}}^2}{25.92(s_{\mathrm{e}} - s_{\mathrm{b}})} \tag{4-6}$$

式中:v_{b}——$0.8v_0$,车辆制动的末速度,km/h;

v_{e}——$0.1v_0$,车辆制动的末速度,km/h;

s_{b}——在速度 v_0 和 v_{b} 之间车辆驶过的距离,m;

s_{e}——在速度 v_0 和 v_{e} 之间车辆驶过的距离,m。

v_0 为制动初速度,单位为 km/h。

2)制动时间

制动过程所经历的时间即制动时间,它很少作为单纯的评价指标,但是作为分析制动过程和评价制动效能时,又是不可缺少的参数。如对于同一型号的两辆汽车产生同样制动力所经历的时间不同,则两辆汽车的制动距离就可能相差较大,对行驶安全将产生不同效果,因此通常把制动时间作为一项辅助的评价指标。制动过程各阶段的时间分布大致如图4-3所示。图中所示时间 t_1 为驾驶人反应时间,从接收需要制动的信号到脚踩到制动踏板为止,一般为 0.7~1.0s,该时间段内车辆按原车速继续行驶。t_2 为制动器作用时间(又称制动协调时间),该时间段内制动减速度逐渐增大,直至达到最大制动减速度,一般为 0.2~0.7s,主要取决于驾驶人踩制动踏板的速度和制动系统的形式和结构。t_3 为持续制动时间,该时间段内制动减速度基本不变。t_4 为制动释放时间,一般为 0.2~1.0s。

3)制动抗热衰退性

汽车制动抗热衰退性是指汽车高速制动、短时间重复制动或下坡连续制动时制动效能的热稳定性。制动过程实际上就是制动器产生摩擦阻力的过程,制

动过程中制动器温度不断提高,制动器摩擦因数下降,制动器摩擦力矩减速小,从而使制动能力降低,这种现象称热衰退现象。因此,可以用制动器处于热状态时能否保持有冷状态时的制动效能来评价汽车制动抗热衰退性能。制动抗热衰退性是衡量制动效能恒定性的一个指标。随着高速公路的发展和汽车车速的提高,汽车制动性能的恒定性要求也越来越高,但由于测试方法较复杂,在一般汽车综合检测站较难实施,对于在用汽车也无须检测制动抗热衰退性。

4)制动稳定性

制动稳定性是指制动时汽车的方向稳定性,表示制动时汽车按给定轨迹行驶的能力。

汽车丧失制动稳定性通常表现为制动跑偏和车轴侧滑现象,特别是后轴侧滑,是造成交通事故的重要原因。随着现代汽车车速不断提高,汽车制动稳定性将成为影响交通安全的重要因素。

2 制动系统常见的故障

制动系统常见的故障有制动失效、制动距离过长、制动跑偏、制动侧滑和制动拖滞等。

1)制动失效

如果制动系统出现漏油、卡死等故障,会完全丧失制动能力。

2)制动距离过长

导致制动距离过长的主要原因是制动踏板自由行程太大、制动管路中有气阻、制动摩擦片磨损等造成制动效能下降。

3)制动跑偏

制动跑偏是指汽车制动时不能按直线方向减速或停车,而无控制地向左或向右偏驶的现象。产生制动跑偏的主要原因是汽车左右车轮制动器制动力增长快慢不一致或左右轮制动力不相等,特别是转向轮制动器制动力不相等。另外,汽车轮胎的机械特性、悬架系统的结构与刚度、前轮定位、道路状况、车辆轮荷分布状态等因素也会引发制动跑偏。为了控制制动跑偏,在安全法规中对左右车轮制动力的平衡有相应要求(见 GB 7258—2017)。

4)制动侧滑

汽车制动时出现某一轴或两轴的车轮相对地面同时发生横向移动的现象称为制动侧滑。汽车在制动过程中,当车轮未抱死制动时,车轮具有承受一定侧向力的能力。汽车在一般横向干扰力的作用下不会发生制动侧滑现象。当车轮抱死制动时,车轮承受侧向力的能力几乎全部丧失,汽车在横向干扰力的作用下极易发生侧滑。侧滑对汽车制动稳定性的影响取决于发生制动侧滑的车轴位置（前轴或后轴），经理论分析与实践证明，制动时当前轮先抱死滑移，汽车能维持直线减速停车，汽车处于稳定状态，但这时汽车将丧失转向能力，对在弯道行驶的汽车也是十分危险的。若后轮比前轮提前一定时间先抱死，汽车在侧向干扰力作用下将发生急剧甩尾或旋转，使汽车丧失制动稳定性，若在高速行驶过程中甚至可能产生翻车事故。

汽车制动跑偏与制动时车轮侧滑是有联系的，严重的跑偏常会引起后轮侧滑，制动时易于发生后轮侧滑的汽车也有加剧跑偏的倾向。

5）制动拖滞

汽车制动后，当需要解除制动时，制动装置能否迅速、彻底解除往往会影响行车安全，严重时也会造成事故。例如当车轮抱死制动而汽车又失去控制趋势时，驾驶人通过放松制动踏板不能迅速解除制动，此时汽车将可能产生侧滑而丧失制动稳定性。在行车中，驾驶人踩下制动踏板后再抬起制动踏板而不能迅速解除制动的现象称为制动拖滞。除上例外，一般情况下这种现象不会立即引起行车事故，但如果不及时排除其故障，将会导致制动系统损坏，特别是会引起制动器过热、制动摩擦片烧蚀、降低车辆制动性能、增加车辆行驶阻力，因此车轮阻滞力也应列入汽车制动性能检测项目。但需要指出的是：这里所检测的车轮阻滞力，除包含制动系统的因素外，还与车轮安装有关，如轴承安装紧度、车轴变形以及车轮与试验台滚筒之间的安置等。

3 防抱死制动系统

防抱死制动系统（Anti-lock Braking System, ABS）是在制动过程中防止车轮被制动抱死的系统。它是一种不仅能增加制动力，缩短制动距离，而且能防止汽车制动时跑偏和侧滑，提高汽车的方向稳定性和转向操纵能力的安全系统。

ABS 一般由轮速传感器、电子控制器和压力调节器3部分组成，如图4-4所示。

轮速传感器又称速度传感器，其作用是测出车轮的旋转速度，并将其发送给电子控制器。电子控制器根据车轮的旋转速度计算出车轮的滑移率 s，向压力调节器发出信号，调节制动器制动力的大小。

制动过程中，电子控制器不断分析速度传感器测出的车轮运动参数，当判断车轮即将抱死时，立即控制压力调节器，减小制动器制动力；松开制动器后，车轮转速会增加，电子控制器又控制压力调节器，增大制动器制动力。如此以每秒10 ~ 12 次的频率增、减制动器制动力，使车轮保持在 15% ~ 20% 的范围内工作，获得良好的制动性能。

滑移率 s 用来表示汽车制动时车轮相对地面的滑动程度。

图 4-4　ABS 的组成

三、任务实施

选择几种车型,根据汽车的配置评价制动性。

学习测试

一、填空题

(1)行车制动性能的评价指标包括_____、_____和_____。

(2)制动效能由_____、_____。_____和_____来评定

（3）汽车制动全过程由_____时间、_____时间、_____时间、_____时间4个阶段构成。

（4）决定汽车制动距离的主要因素是_____、_____和_____。

（5）汽车制动距离随制动初速度的_____、车重的_____和附着系数的_____而增长。

（6）汽车丧失制动稳定性通常表现为_____和_____现象，特别是后轴侧滑，是造成交通事故的重要原因。

（7）汽车的地面制动力取决于_____制动力，同时要受到地面_____条件的限制。

（8）评价汽车制动效能的最基本指标是_____和_____，当然也可以采用_____检测汽车制动效能。

二、判断题

（1）根据《机动车运行安全技术条件》（GB 7258—2017）的规定，可以用制动距离、制动减速度和制动力评定汽车制动性能。　　　　　　（　　）

（2）汽车制动时的制动力取决于制动器制动力和车轮的荷载。　（　　）

（3）制动器制动力取决于制动系统压力和车轮与地面间的附着力。（　　）

（4）汽车制动减速度是指在汽车规定的初速度下急踩制动踏板时，汽车速度在单位时间内降低的程度。　　　　　　　　　　　　　（　　）

三、选择题

（1）对于普通行车制动系统，实现（　　　）制动，制动效能最高，方向稳定性也最好。

　　A. 前、后轮同时抱死　　　　　　　　　　B. 前轮先抱死

　　C. 后轮先抱死　　　　　　　　　　　　　D. 前、后轮都不抱死

（2）制动过程中，ABS电子控制器控制压力调节器，调节制动器制动力大小，使车轮的滑移率保持在（　　　）的范围内工作，获得良好的制动性能。

　　A. 15% ～20%　　　　　　　　　　　　　B. 5% ～10%

　　C. 30% ～ 40%　　　　　　　　　　　　　D. 80% ～100%

四、问答题

（1）制动跑偏和制动侧滑之间有何区别和联系？

（2）汽车制动跑偏是由哪些原因造成的？

学习任务 2　汽车制动性检测

学习目标

1. 能正确使用制动试验台进行汽车制动性能的台架检测;
2. 能进行汽车制动性能的道路检测;
3. 能根据检测结果分析制动不合格原因。

一、任务分析

制动性能是汽车的重要使用性能之一,对汽车制动性能的检测和故障诊断尤为重要,因此,无论是新车出厂检测,还是在用车辆,都将其作为重点检测项目之一。

在用车制动性检测,执行《机动车安全运行技术条件》(GB 7258—2017)强制性国家标准。当前采用的制动性测试方法可分为道路试验检测法(路试检测法)或台架试验检测法(台试检测法)。路试检测只能在室外进行,台试检测是在室内进行,两者的检测条件(检测的环境条件、检测工况、驾驶操作等)差异明显,两种检测法检测出同一辆车的同一参数的数值可有大、小之差,却无好、次之分,两者不具可比性。

二、相关知识

1 制动性能道路试验检测设备

根据《机动车运行安全技术条件》(GB 7258—2017)的规定,道路试验主要通过检测制动距离、充分发出的平均减速度等参数来检测汽车行车制动和应急制动性能;用坡道试验检测汽车驻车制动性能。

在道路试验中检测车辆的整车性能时,经常要使用第五轮仪,它可以测出车辆行驶的距离、时间和速度。当第五轮仪用于检测车辆的制动性能时,能测出制动距离、制动时间和制动初速度。

在进行车辆道路试验时,需要测量车辆的行程和速度,虽然可以利用汽车的里程表和速度表,但这种方法不准确。因为车辆驱动轮的滚动半径直接受着驱动力矩、地面对轮胎的切向反作用力、车轴荷载、轮胎气压及磨损程度等因素的影响。此外，车用里程表和速度表本身的精度也较低。为了消除这些因素对测量精度的影响，在车辆旁边附加一个测量用的轮子，故称第五轮仪。

第五轮仪分接触式和非接触式两种。其中，接触式第五轮仪中应用较多的是单片机采控的第五轮仪，如图 4-5 所示，由第五轮仪、传感器、二次仪表(信号处理、记录、显示等)及安装机架等部分组成。

图 4-5　第五轮仪

非接触式第五轮仪以计算机为核心部件，配以相应的 I/O(输入/输出)接口及外部设备，不需要路面接触或设置任何测量标志，采用光电相关滤波技术，安装在车上的光电路面探测器(简称光电头)照射路面，把路面图像变换为频率信号，用于汽车动力性、制动性和燃油经济性能的测试。非接触式第五轮仪如图 4-6 所示。

图 4-6　非接触式第五轮仪

(1)传感器部分。接触式第五轮仪传感器主要包括第五轮和安装在轮架上的磁电传感器和齿轮盘，如图 4-7 所示。当第五轮转动时，由于磁电传感器磁场强度发生变化，致使传感器内线圈产生交变信号，通过整形电路，将连续的脉冲信号送入二次仪表，通过计数器，便可知行驶距离。在测试过程中，通过检测脉冲周期，便可得出瞬时车速。非接触式第五轮仪传感器如图 4-8 所示。光电路面探测器通过光电池将移动的路面图像转换为宽带随机信号，其主频与车速成正比，通过空间滤波器将与车速成正比的主频检出，送入二次仪表进行速度运算和距离计数。

(2)记录部分。如图 4-9 所示，接触式第五轮仪由电感式行程传感器发出汽车行程的信号,一般一个信号等于汽车行驶 1cm 行程。石英晶体振荡器发出时间信号,作为采样时间标准控制门控,由计数译码器计数,用数码管显示一定时间间隔内汽车的行程,即该段时间中的平均速度。时间间隔一般为 36ms。除可用数码管显示车速外,也能经过数模转换,将数字变量的模拟量(电压)输至磁带记录仪,在加速性能试验中,即可由数字显示读得加速时间的数值,也能用磁带记录仪记录整个加速过程。试验完毕后,X-Y 记录仪可直接得到加速行程曲线,如图 4-10 所示。

图 4-7　接触式第五轮仪传感器

图 4-8　非接触式第五轮仪传感器

图 4-9　第五轮仪的数字电子装置框图

当选择完相应的功能键,并检查、设置传感器系数后按下开始键,在试验过程中即可打印试验过程,也可打印试验曲线,使用方法可见使用说明书。

2 制动性能台架试验检测设备

在用车制动性的年检量大且面广,要求检测作业准确而快速。路试检测制动性需要在受检车上装卸测试仪器,费时费事、效率低。因此,在用车辆制动性年检都是采用台试检测法,路试检测只是在必要时用来验证台试结果的可靠性。

根据《机动车运行安全技术条件》(GB 7258—2017)的规定,台试检测法

图4-10　加速行程曲线

主要通过检测制动力、汽车的制动协调时间、汽车车轮阻滞力等参数来检测汽车行车制动和应急制动性能;用驻车制动力检测汽车驻车制动性能。

目前国内汽车综合性能检测站所用制动检测设备多为反力式滚筒制动检测台和平板式制动检测台。

1)反力式滚筒制动检测台

反力式滚筒制动检验台的结构简图如图4-11所示。它由结构完全相同的左右两套对称的车轮制动力测试单元和一套指示、控制装置组成。每一套车轮制动力测试单元由框架(多数试验台将左、右测试单元的框架制成一体)、驱动装置、滚筒组、举升装置、测量装置等构成。

图4-11　反力式制动检验台结构简图

驱动装置由电动机、减速器和链传动组成。电动机经过减速器减速后驱动主动滚筒,主动滚筒通过链传动带动从动滚筒旋转。减速器输出轴与主动滚筒同轴连接或通过链条、传动带连接,减速器壳体为浮动连接(即可绕主动滚筒轴自由摆动)。减速器的作用是减速增扭,其减速比根据电动机的转速和滚筒测试转速确定。由于测试车速低,滚筒转速也较低,一般为40～100r/min(日式检验

台转速则更低,甚至低于 10r/min)。因此要求减速器减速比较大,一般采用两级齿轮减速或一级蜗轮蜗杆减速与一级齿轮减速。

每一车轮制动力测试单元设置一对主、从动滚筒,每个滚筒的两端分别用滚筒轴承与轴承座支撑在框架上,且保持两滚筒轴线平行。滚筒相当于一个活动的路面,用来支撑被检车辆的车轮,并承受和传递制动力。汽车轮胎与滚筒间的附着系数将直接影响制动检验台所能测得的制动力大小。为了增大滚筒与轮胎间的附着系数,滚筒表面都进行了相应加工与处理,目前采用较多的有下列 5 种:

(1)开有纵向浅槽的金属滚筒。在滚筒外圆表面沿轴向开有若干间隔均匀、有一定深度的沟槽。这种滚筒表面附着系数最高可达 0.65。当表面磨损且沾有油、水时,附着系数将急剧降低。为改进附着条件,有的制动台表面进一步做拉花和喷涂处理,附着系数可达 0.75 以上。

(2)表面粘有熔烧铝矾土砂粒的金属滚筒。这种滚筒表面无论干或湿时其附着系数可达 0.8 以上。

(3)表面具有嵌砂喷焊层的金属滚筒。喷焊层材料选用 NiCrBSi 自熔性合金粉末及钢砂,这种滚筒表面新的时候其附着系数可达 0.9 以上,其耐磨性也较好。

(4)高硅合金铸铁滚筒。这种滚筒表面带槽、耐磨,附着系数可达 0.7 ~ 0.8,价格便宜。

(5)表面带有特殊水泥覆盖层的滚筒。这种滚筒比金属滚筒表面耐磨,表面附着系数可达 0.7 ~ 0.8,但表面易被油污与橡胶粉粒附着,使附着系数降低。

滚筒直径与两滚筒间中心距的大小,对检验台的性能有较大影响。滚筒直径增大有利于改善与车轮之间的附着情况,增加测试车速,使检测过程更接近实际制动状况,但必须相应增加驱动电动机的功率。而且随着滚筒直径增大,两滚筒间中心距也需相应增大,才能保证有合适的安置角,这样使检验台结构尺寸相应增大,制造要求提高。依据实际检测的需要,推荐使用直径为 245mm 左右的制动台。

有的滚筒制动检验台在主、从动滚筒之间设置一直径较小、既可自转又可上下摆动的第三滚筒,平时由弹簧使其保持在最高位置。而在许多设置有第三滚筒的制动检验台上取消了举升装置。在第三滚筒上装有转速传感器,检验时,被检车辆的车轮置于主、从动滚筒上的同时压下第三滚筒,并与其保持可靠接触,控制装置通过转速传感器即可获知被测车轮的转动情况。当被检车轮制动,转速下降至接近抱死时,控制装置根据转速传感器送出的相应电信号计算滑移率达到一定值(如 25%)时使驱动电动机停止转动,以防止滚筒剥伤轮胎和保护驱动电动机。除了上述作用外,有的检验台还将第三滚筒作为安全保护装置用,只有当两个车轮制动测试单元的第三滚筒同时被压下时,检验台驱动电动机电路才能接通。但是,依靠第三滚筒控制自动停机绝非唯一或最佳的方法,目前也已有其他方法出现。

制动力测试装置主要由测力杠杆和传感器组成。测力杠杆一端与传感器连接,另一端与减速器壳体连接,被测车轮制动时,测力杠杆与减速器壳体将一起绕主动滚筒(或绕减速器输出轴、电动机枢轴)轴线摆动。传感器将测力杠杆传来的、与制动力成比例的力(或位移)转变成电信号输送到指示、控制装置。传感器有应变测力式、自整角电动机式、电位计式、差动变压器式等多种类型。早期的日式制动试验台多采用自整角电动机式测量装置,而欧式以及近期国产制动检验台多采用应变测力式传感器。

为了便于汽车出入制动检验台,在主、从动滚筒之间设置有举升装置,该装置通常由举升器、举升平板和控制开关等组成。其中,常用的举升器有气压式、电动螺旋式、液压式3种形式,气压式举升器是用压缩空气驱动汽缸中的活塞或使气囊膨胀完成举升作用;电动螺旋式举升器是由电动机通过减速器带动丝母转动,迫使丝杠轴向运动起举升作用;液压式举升器是由液压举升缸完成举升动作。有些带有第三滚筒的制动检验台未装举升装置。

目前制动试验台控制装置大多数采用电子式,为提高自动化与智能化程度,有的控制装置中配置计算机。指示装置有指针式和数字显示式两种,带计算机的控制装置多配置数字显示器,但也有配置指针式指示仪表的。

进行车轮制动力检测时,被检汽车驶上制动试验台,车轮置于主、从动滚筒之间,放下举升器(或压下第三滚筒,装在第三滚筒支架下的行程开关被接通)。通过延时电路起动电动机,经减速器、链传动和主、从动滚筒带动车轮低速旋转,待车轮转速稳定后,驾驶人踩下制动踏板,车轮在车轮制动器的摩擦力矩作用下开始减速旋转。此时电动机驱动的滚筒对车轮轮胎周缘的切线方向作用制动力以克服制动器摩擦力矩,维持车轮继续旋转。与此同时,车轮轮胎对滚筒表面切线方向附加一个与制动力方向反向等值的反作用力,在反作用力矩作用下,减速器壳体与测力杠杆一起朝滚筒转动相反方向摆动(图4-12),测力杠杆一端的力或位移量经传感器转换成与制动力大小成比例的电信号。从测力传感器送来的电信号经放大滤波后,送往 A/D 转换器转换成相应数字量,经计算机采集、储存和处理后,检测结果由数码显示或由打印机打印出来。打印格式或内容由软件设计而定,一般可以把左、右轮最大制动力、制动力和、制动力差、阻滞力和制动力-时间曲线等一并打印出来。

图4-12　制动力测试原理图

由于制动力检测技术条件要求是以轴制动力占轴荷的百分比来评判的,对总质量不同的汽车来说是比较客观的标准。为此,除了设置制动检验台外,还必须配置轴重计或轮重仪,有些复合式滚筒制动试验台装有轴重测量装置。其称重传感器(应变片式)通常安装在每一车轮测试单元框架的4个支撑脚处。

《机动车运行安全技术条件》(GB 7258—2017)中定义制动协调时间以驾驶人脚接触制动踏板或手触动制动手柄的瞬间作为起始计时点,为此,在制动测试过程中必须由驾驶人通过套装在汽车制动踏板上的脚踏开关向试验台指示、控制装置发出一个"开关"信号,开始时间计数,直至制动力与轴荷之比达到标准规定值75%的瞬间为止。这段时间历程即为制动协调时间,通常可以通过检验台的计算机执行相应程序来实现。

目前,采用的反力式滚筒制动检验台对具有防抱死制动系统(ABS)的汽车制动系统的制动性能,还无法进行准确的测试。主要原因是这些试验台的测试车速较低,一般不超过5km/h,而现代防抱死制动系统均在车速10～20km/h以上起作用,所以在上述试验台上检测车轮制动力时,车辆的防抱死制动系统不起作用。

有的反力式滚筒制动试验台可以选择每一车轮制动力测试单元的滚筒旋转方向,两个测试单元的滚筒既可同向正转、同向反转,又可以一正一反转动。具有这种功能的试验台可以检测多轴汽车并装轴(如三轴汽车的中轴和后轴,其间设有轴间差速器)的制动力。测试时使左、右车轮制动测试单元的滚筒转动方向一正一反,只采集正转时的制动力数据,这样可以省去试验台前、后设置自由滚筒装置。这是因为驱动轴内有轮间差速器的作用,当左、右车轮反向等速旋转时差速器壳与主减速器将不会转动。所以当被检测轴车轮被滚筒带动时,另一在试验台外的驱动轴将不会被驱动。而对于装有轴间差速器的双后轴汽车可在一般的反力式滚筒制动台上逐轴测试每车轴的车轮制动力。

2）平板式制动检测台

平板式制动试验台是20世纪80年代发展起来的一种新型的制动检测设备，它能够在实际紧急制动过程中测定汽车前后轴制动力，能够比较客观地反映汽车制动器产生制动力的大小。

平板制动台主要由几块测试平板、传感器和数据采集系统等组成。小车线一般由4块制动-悬架-轴重测试用平板及1块侧滑测试板组成。数据采集系统由力传感器、放大器、多通道数据采集板等组成，如图4-13所示。

图4-13　平板式制动试验台结构图

检验时汽车以5～10km/h（或按出厂说明允许更高）的速度驶上平板，如图4-14所示，当前、后轮分别驶达平板后，控制系统指示驾驶人急踩制动踏板，车轮制动器产生的制动力使车轮在平板上产生一个与车轮制动力 F_{xb} 大小相等、方向相反的作用力 F_t，推动平板沿纵向位移，经传感器测出各车轮的制动力并由数据采集系统处理计算出轮重、制动及悬架性能的各参数值，并显示检测结果。

图4-14　平板式制动试验台原理图

三、任务实施

1 台试制动性能检测方法

1）反力式滚筒制动试验台使用方法

（1）检验前仪器及车辆准备：

①检验台滚筒表面清洁，无异物及油污，仪表清零。

②车辆轮胎气压、花纹深度符合标准规定，胎面清洁。

③将踏板力传感器装到制动踏板上。

（2）检验程序：

①车辆正直居中驶入，将被测轮停放在制动台前后滚筒间，变速器置于空挡。

②降下举升器、起动电动机2s后，保持一定采样时间（5s），测得阻滞力。

③检验员在显示屏提示踩制动踏板后，缓踩制动踏板到底（对欧式制动台而言，若是日式制动台，需急踩制动踏板到底）后松开，测得左、右轮制动增长全过程数值。

④若检验驻车制动，则拉紧驻车制动操纵装置，测得驻车制动力数值。

⑤电动机停转，举升器升起，被测轮驶离。

⑥按以上程序依此测试其他车轴。

⑦卸下踏板力传感器，车辆驶离。

注意：车辆进入检验台时，轮胎中不得夹有泥、砂等杂物，除驾驶人外不得有其他乘员；测制动时不得转动转向盘；在制动检验时，车轮如在滚筒上抱死，制动力未达到要求时，可换用路试或其他方法检验。

空载检验时对气压制动系统而言，气压表的指示气压不大于600kPa；对液压制动系统而言，乘用车踏板力不大于400N；其他机动车踏板力不大于450N。

2）平板式制动检测台使用方法

（1）检验前仪器及车辆准备：

①检验台滚筒表面清洁，无异物及油污，仪表清零。

②车辆轮胎气压、花纹深度符合标准规定，胎面清洁。

③将踏板力传感器装到制动踏板上。

（2）检验程序：

①对于行车制动，引车员根据提示，以5~10km/h（或按出厂说明允许更高）的速度驶上平板，置变速器于空挡并紧急制动。

②系统将给出行车制动测试结果及悬架效率。

③对于驻车制动，车辆继续前进，等后轮驶上前面的平板时（实际操作以设备说明书规定方法为准），置变速器于空挡并驻车制动。

④系统将给出驻车制动测试结果。

平板式试验台结构简单、运动件少、用电量少、日常维护工作量小，提高了工作可靠性。该试验台不需要模拟汽车转动惯量，较容易将制动试验台与轮重仪、侧滑仪组合在一起，可检测制动、轮荷、悬架、侧滑4项参数，提高了检测效率。由于测试过程与实际路试条件较接近，故能反映车辆的实际制动性能。此外，平板式试验台除了能反映制动时轴荷转移带来的影响外,还能够反映汽车悬架结构、刚度等对汽车制动性能的影响。

如果驾驶人的操作状况变化明显,将影响动态检测工况的稳定性。平板制动台重复性差,对不同轴距车辆适应性差,占地面积大,需要助跑车道。

3)台试制动性能检测标准限值

(1)行车制动性能检验:

①制动力的要求。对空载检验制动力有质疑时,可按表4-1规定的台试检验制动力要求进行检验。

台试检验制动力要求　　　　　　　　　　　　表4-1

机动车类型	制动力总和与整车质量的百分比		轴制动力与轴荷的百分比	
	空载	满载	前轴	后轴
三轮汽车	—		—	≥60
乘用车、总质量不大于3500kg的货车	≥60	≥50	≥60	≥20
其他汽车	≥60	≥50	≥60	≥50

注:1.用平板式制动检验台检验乘用车、其他总质量小于或等于3500kg的汽车时,应按左右轮制动力最大时刻所分别对应的左右轮动态轮荷之和计算。

2.机动车(单车)纵向中心线中心位置以前的轴为前轴,其他轴为后轴;挂车的所有车轴均按后轴计算;用平板制动试验台测试并装轴制动力时,并装轴可视为一轴。

3.空载和满载状态下测试均应满足此要求。

4.满载测试时后轴制动力百分比不作要求;空载用平板式制动检验台检验时应大于或等于35%;总质量大于3500kg的客车,空载用反力滚筒式制动试验台测试时应大于或等于40%,用平板式制动检验台检验时应大于或等于30%。

②制动力平衡要求。在制动力增长全过程中同时测得的左右轮制动力差的最大值,与全过程中测得的该轴左右轮最大制动力中大者(当后轴及其他轴,制动力小于该轴轴荷的60%时为该轴轴荷)之比,对新注册车和在用车应分别符合表4-2的要求。

台试检验制动力平衡要求　　　　表 4-2

机动车类型	前轴	后轴(及其他轴)	
		轴制动力大于或等于该轴轴荷的 60% 时	制动力小于该轴轴荷的 60% 时
新注册车	≤20%	≤24%	≤8%
在用车	≤24%	≤30%	≤10%

③汽车的制动协调时间。液压制动汽车的制动协调时间不应大于 0.35s,气压制动汽车的制动协调时间不应大于 0.60s;汽车列车和铰接客车、铰接式无轨电车的制动协调时间不应大于 0.80s。

④汽车车轮阻滞力要求。进行制动力检验时,汽车、汽车列车各车轮的阻滞力均应小于或等于轮荷的 10%。

(2)驻车制动性能检验。当采用制动检验台检验汽车和正三轮摩托车驻车制动装置的制动力时,机动车空载,乘坐一名驾驶人,使用驻车制动装置,驻车制动力的总和不应小于该车在测试状态下整车质量的 20%(对总质量为整备质量 1.2 倍以下的机动车为不小于 15%)。

2 道路试验检测方法

行车制动性能和应急制动性能检验应在平坦(纵向坡度不大于 1%)、硬实、清洁、干燥且轮胎与地面间的附着系数不小于 0.7 的混凝土或沥青路面上进行。检验时发动机应与传动系统脱开,但对于采用自动变速器的机动车,其变速器换挡装置应位于驱动挡("D"挡)。驻车制动试验应在坡度为 20%(对总质量为整备质量的 1.2 倍以下的机动车为 15%)、轮胎与路面间的附着系数不小于 0.7 的坡道上正、反两个方向保持固定不动,时间应大于或等于 2min。

在试验路面上应画出标准中规定的制动稳定性要求相应宽度试车道的边线。被测车辆沿着试验车道的中线行驶至高于规定的初速度后,置变速器于空挡。当滑行到规定的初速度时急踩制动踏板,使车辆停住。

用速度计、第五轮仪或用其他测试方法测量车辆的制动距离。

用速度计、制动减速度仪或用其他测试方法测量车辆充分发出的平均减速度(MFDD)与制动协调时间。充分发出的平均减速度应在测得公式中相关参数后计算确定。

路试制动性能检测标准限值要求如下。

1）制动距离和制动稳定性要求

汽车在规定初速度下的制动距离和制动稳定性要求应符合表4-3的规定。对空载检验的制动距离有质疑时，可按表4-3规定的满载检验制动距离要求进行检验。

制动距离和制动稳定性要求　　　　　表4-3

机动车类型	制动初速度（km/h）	满载检验制动距离要求（m）	空载检验制动距离要求（m）	试验通道宽度（m）
乘用车	50	≤20.0	≤19.0	2.5
总质量不大于3500kg的低速货车	30	≤9.0	≤8.0	2.5
其他总质量不大于3500kg的汽车	50	≤22.0	≤21.0	2.5
其他汽车、汽车列车	30	≤10.0	≤9.0	3.0

制动距离是指机动车在规定的初速度下急踩制动踏板时，从脚接触制动踏板（或手触动制动手柄）时起至机动车停住时止机动车驶过的距离。

制动稳定性要求是指制动过程中机动车的任何部位（不计入车宽的部位除外）不允许超出规定宽度的试验通道的边缘线。

2）充分发出的平均减速度及制动稳定性要求

汽车、汽车列车在规定的初速度下急踩制动踏板时充分发出的制动减速度及制动稳定性要求应符合表4-4的规定，且制动协调时间对液压制动的汽车不应大于0.35s，对气压制动的汽车不应大于0.60s，对汽车列车、铰接客车和铰接式无轨电车不应大于0.80s。对空载检验的充分发出的平均减速度有质疑时，可按表4-4规定的满载检验充分发出的平均减速度进行检验。

制动协调时间是指在急踩制动踏板时，从脚接触制动踏板（或手触动制动手柄）时起至机动车减速度（或制动力）达到表4-3规定的机动车充分发出的平均减速度（或表4-4所规定的制动力）的75%时所需的时间。

制动减速度和制动稳定性要求　　　　表 4-4

机动车类型	制动初速(km/h)	满载检验充分发出的平均减速度(m/s²)	空载检验充分发出的平均减速度(m/s²)	试验通道宽度(m)
乘用车	50	≥5.9	≥6.2	2.5
总质量不大于3500kg的低速货车	30	≥5.2	≥5.6	2.5
其他总质量不大于3500kg的汽车	50	≥5.4	≥5.8	2.5
其他汽车、汽车列车	30	≥5.0	≥5.4	3.0

3)进行制动性能检验时的制动踏板力或制动气压要求

(1)满载检验时。

气压制动系统:气压表的指示气压小于或等于额定工作气压;

液压制动系统:乘用车踏板力小于或等于500N;其他机动车踏板力小于或等于700N。

(2)空载检验时。

气压制动系统:气压表的指示气压小于或等于600kPa;

液压制动系统:乘用车踏板力小于或等于400N;其他机动车踏板力小于或等于450N。

4)应急制动和剩余制动性能

汽车(三轮汽车除外)应具有应急制动功能。应急制动应保证在行车制动只有一处失效的情况下,在规定的距离内将汽车停住。应急制动应是可控制的,其布置应使驾驶人容易操作,驾驶人在座位上至少用一只手握住转向盘的情况下(对乘用车为双手不离开转向盘的情况下),就可以实现制动。它的控制装置可以与行车制动的控制装置结合,也可以与驻车制动的控制装置结合。采用助力制动系统的行车制动系统,当助力装置失效后,仍应能保持规定的应急制动性能。客车、货车和货车底盘改装的专项作业车,当行车制动传输装置部分失效时,仍应具有符合现行国标《商用车辆和挂车制动系统技术要求及试验方法》(GB 12676)规定的剩余制动性能。

5)驻车制动性能要求

在空载状态下,驻车制动装置应能保证机动车在坡度为20%(对总质量为整备质量的 1.2 倍以下的机动车为 15%)、轮胎与路面间的附着系数不小于 0.7 的坡道上正、反两个方向保持固定不动,其时间大于或等于 2min。对于允许挂接挂车的汽车,其驻车制动装置必须能使汽车列车在满载状态下时能停在坡度为 12% 的坡道上(坡道上轮胎与路面间的附着系数不应小于 0.7)。

驻车制动应通过纯机械装置把工作部件锁止,并且驾驶人施加于操纵装置上的力应满足:手操纵时,乘用车不大于 400N,其他机动车不大于 600N;脚操纵时,乘用车不大于 500N,其他机动车不大于 700N。

3 制动性能检测结果分析

(1)各车轮制动力均偏低:主要原因为制动踏板自由行程太大,制动液中有空气或制动液变质,制动主缸故障,真空助力器或液压助力系统有故障。

(2)同制动回路两车轮制动力均偏小:该回路中有空气或轮缸、管路漏油,也有可能主缸中相应主腔密封不良。

(3)单个车轮制动力偏小:该车轮制动器有故障。

(4)若后轴车轮均存在制动力偏小,可能是感载比例阀故障,也可能是制动力分配系统设计原因。

(5)制动力平衡不合格的原因:除以上(2)(3)原因外,两侧制动器间隙不一致、轮毂圆度、轮胎花纹、磨损程度、气压不一致也是原因之一。

(6)各车轮阻滞力都超限的主要原因:制动主缸卡滞;制动踏板自由行程调整不当;制动踏板传动机构卡滞;由于加了错误型号的制动液造成制动缸内皮碗膨胀卡滞。

(7)个别车轮阻滞力超限原因:制动轮缸回位不良;车轮制动器间隙调整过小;制动蹄复位弹簧故障;驻车制动机构卡滞。

(8)各车轮制动协调时间过长的原因:制动踏板自由行程过大;车轮制动器间隙过大。

(9)驻车制动不合格原因:驻车制动调整不良;驻车制动机构因长期不用造成锈蚀卡滞。

学习测试

一、填空题

(1)在汽车制动力增长全过程中,左右轮制动力差与该轴左右轮中制动力大者之比对前轴应_____;对后轴应_____。

(2)进行制动力检验时各车轮的阻滞力均不应大于车轮所在轴轴荷的

_____。

(3)在使用平板式制动检测台检验时,汽车以_____(或按出厂说明允许更高)速度驶上平板。

(4)驻车制动不合格原因有_____和_____。

二、判断题

(1)台试检验时,乘用车、总质量不大于3500kg的货车的制动力总和与整车重力的百分比,空载时应不小于80%。 （　　）

(2)台试检验时,乘用车、总质量不大于3500kg的货车的制动力总和与整车重力的百分比,满载时应不小于70%。 （　　）

(3)台试检验制动力时,在制动力增长全过程中,左右轮制动力差与该轴左右轮中制动力大者之比,对后轴(及其他轴)在轴制动力不小于该轴轴荷的60%时不应大于24%。 （　　）

(4)台试检验时,乘用车、总质量不大于3500kg的货车的轴制动力与轴荷的百分比,前轴应不小于80%。 （　　）

(5)台试检验时,乘用车、总质量不大于3500kg的货车的轴制动力与轴荷的百分比,后轴应不小于50%。 （　　）

(6)台试检验制动力时,在制动力增长全过程中,左右轮制动力差与该轴左右轮中制动力大者之比,对前轴不应大于40%。 （　　）

(7)台试检验制动力时,在制动力增长全过程中,当后轴(及其他轴)轴制动力小于该轴轴荷的60%时,同时测得的左右轮制动力差的最大值不应大于该轴轴荷的8%。 （　　）

(8)台试检验制动力时,车轮阻滞力是指行车和驻车制动装置处于完全释放状态,变速器在空挡位置时,试验台驱动车轮所需的作用力,汽车各车轮的阻滞力不得大于该轴轴荷的30%。 （　　）

(9)当采用制动试验台检查车辆驻车制动力时,车辆空载,乘坐一名驾驶人,使用驻车制动装置,驻车制动力的总和应不小于该车在测试状态下整车重力的20%;对总质量为整备质量1.2倍以下的汽车,此值应不小于30%。 （　　）

(10)台试检验制动力时,液压制动的汽车制动协调时间不应大于0.35s。

（　　）

(11)台试检验制动力时,气压制动的汽车制动协调时间不应大于0.60s。

（　　）

（12）路试检测驻车制动性能时，在空载状态下，驻车制动装置应能保证车辆在坡度为20%（总质量为整备质量的1.2倍以下的车辆为15%）、轮胎与路面间的附着系数不小于0.7的坡道上，正、反两个方向保持固定不动的时间应不小于5min。　　　　　　　　　　　　　　　　　　　　　　　　　　　　　　（　　）

（13）路试检测乘用车制动距离时，制动初速度为50km/h，空载时的制动距离应不大于15m。　　　　　　　　　　　　　　　　　　　　　　　　　　　　（　　）

（14）路试检测总质量不大于3500kg的低速货车制动距离时，制动初速度为30km/h，空载时的制动距离应不大于10m。　　　　　　　　　　　　　　（　　）

（15）液压制动系统各车轮制动力均偏低，主要原因为制动踏板自由行程太大，制动液中有空气或变质，制动主缸有故障，增压器或助力器效能不佳或失效。（　　）

（16）液压制动系统的制动协调时间比气压制动短。　　　　　　　　　　（　　）

三、选择题

（1）路试应在平坦、坚实、清洁、干燥的混凝土或沥青路面上进行，并且轮胎与地面的附着系数应不小于（　　　　）。

    A.0.4　　　　　　　　B.0.5　　　　　　　　C.0.6　　　　　　　　D.0.7

（2）GB 7258—2017规定，普通汽车制动协调时间应不大于（　　　　），汽车列车制动协调时间应不大于0.8s。

    A.0.4s　　　　　　　B.0.5s　　　　　　　C.0.6s　　　　　　　D.0.7s

（3）阻滞力是指在解除制动后，仍存在的残余制动阻力。按GB 7258—2017规定，各车轮的阻滞力均不得大于该轴轴荷的（　　　　）。

    A.5%　　　　　　　　B.8%　　　　　　　　C.10%　　　　　　　D.15%

（4）平板式制动试验台检测时，车辆以（　　　　）的车速驶上测试平板并进行紧急制动。

    A.5%　　　　　　　　B.8%　　　　　　　　C.15%　　　　　　　D.24%

四、问答题

（1）简述反力式滚筒制动试验台与平板式制动试验台的测试原理。两者的主要区别是什么？

（2）在反力式滚筒制动试验台上测制动力时，车轮处于滚动状态与处于抱死状态的制动力有何区别？为保证检测的准确性可采取哪些措施？

（3）制动性路试检验的项目有哪些？制动性台试检验的项目有哪些？它们的技术要求是什么？

学习任务3　汽车车轮平衡检测

学习目标

1. 理解车轮不平衡的危害及影响因素；
2. 理解车轮平衡仪的结构和工作原理；
3. 掌握车轮平衡仪的使用方法；
4. 会正确使用车轮平衡仪进行车轮动平衡的检测。

一、任务分析

随着高速公路和城市道路立交系统的兴建，过去被道路因素所制约的汽车高速行驶能力得到了充分的发挥，但在运输效率和交通秩序得到相应改善的同时，长期掩盖在低速行驶工况下的一些机构装置的隐患也逐渐暴露出来。在众多的弊端中，车轮不平衡的危害当属突出现象之一。不平衡的车轮不仅加剧轮胎的磨损，而且也必然殃及转向系统、行驶系统和传动系统，同时也是全车振动的激振源。车轮的平衡与否和汽车的平顺性、操纵性、安全性息息相关，这已成为人们的共识。因此，需要讨论它的成因及危害，并在维修和检测作业过程中正确测定其不平衡的量值和相位，以便实施有效的平衡方法。

二、相关知识

轮胎有静不平衡和动不平衡，在车辆的行驶或轮胎的维护、修理过程中，需检查有无不规则的磨损，车轮的平衡维护是必须做的工作。检测车轮平衡常用的工具是离车式车轮动平衡仪，其所用的原理是动不平衡原理；还可用就车式车轮动平衡仪，它是利用静不平衡的原理来进行检测。

1 车轮不平衡的危害

1) 车轮的不平衡

汽车车轮是高速旋转的零部件，如其质心与旋转中心不重合，则会产生静不平衡，如图4-15a)所示。静不平衡状态下，不平衡质量会在车轮旋转时产生离心力，因此静不平衡会导致动不平衡。离心力的大小与不平衡质量、不平衡点与车轮旋转中心之间的距离和车轮转速有关，其大小可用下式表示：

$$F = mr\omega^2 = mr(2\pi n)^2 \tag{4-7}$$

式中：F——离心力；

　　m——车轮质量；

　　r——车轮质心离旋转中心的距离；

　　ω——车轮旋转角速度，$\omega = 2\pi n$；

　　n——车轮转速。

从上式中可以看出，离心力 F 的大小与车轮转速的平方成正比。因此，车轮在高速旋转时产生的离心力是很危险的。

由于车轮具有一定的宽度，当车轮质量分布相对于车轮纵向中心面不对称时，会造成车轮的动不平衡，如图 4-15b) 所示。车轮动不平衡时，虽然不平衡质量产生的离心力可以相互抵消，但力矩不为零，会造成附加荷载。

a)静不平衡　　　　　　　b)动不平衡

图 4-15　车轮的不平衡

2）车轮不平衡的影响因素

（1）质心分布不均匀。如轮胎产品质量欠佳、翻新胎、补胎、胎面磨损不均匀以及在内外胎之间垫带位置不对等。

（2）轮辋、制动鼓变形。

（3）轮毂与轮辋加工质量不佳，如中心不准、轮胎螺栓孔分布不均、螺栓质量不佳等。

（4）安装位置不正确，如内胎充气嘴位置不符合安装要求等。

3）车轮动不平衡的危害

不平衡质量在高速旋转时所形成的离心力 F 在水平方向的分力 F_h 将牵动转向轮左右摆动，影响汽车操纵的稳定性，甚至诱发汽车摇头或转向盘抖动，如图 4-16 所示。

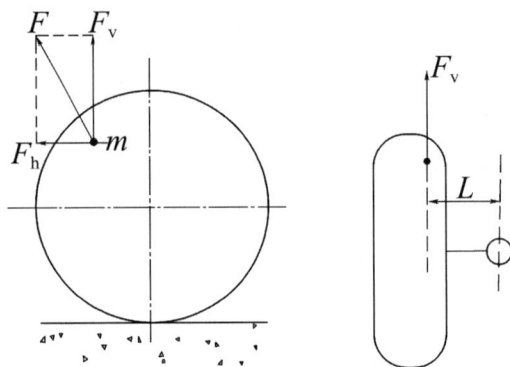

图 4-16　不平衡力的危害

不平衡质量在高速旋转时所形成的离心力 F 在垂直方向的分力 F_v 是激发车身角振动的主要干扰力,它不仅会激发强烈振动和噪声,而且会由于车轮的跳振而加剧轮胎的不均匀磨损。

综上所述,车轮的不平衡,在汽车高速行驶时引起车轮的上下振动和左右摆动,不仅影响汽车的行驶平顺性,还使驾驶人难以控制汽车行驶方向,并缩短零部件的使用寿命,甚至会酿成重大交通事故。对汽车行驶平顺性、操纵稳定性和安全舒适性要求越高,车轮的不平衡对其影响也就越大。

2 车轮动平衡仪

1) 车轮动平衡仪的工作原理

由于车轮不平衡对汽车的危害很大,因此必须对车轮动平衡进行检验和矫正,这项工作在车轮动平衡仪上进行。车轮平衡仪按检验方法不同,可分为离车式平衡仪和就车式平衡仪。就车式平衡仪如图 4-17 所示,它只能检测车轮的静平衡,而离车式平衡仪能检测车轮的动平衡,由于动平衡的车轮一定处于静平衡状态,因此,只要检测了动平衡,就没有必要检测静平衡。目前应用最广泛的是离车式平衡仪如图 4-18 所示。其转轴由刚性元件支撑,检验时通过直接测量车轮不平衡重点所产生的离心力,来确定车轮左右两侧的不平衡重点的质量和相位,故又可称为两面测定式平衡仪。

离车式平衡仪的检验原理如图 4-19 所示。

将轮胎视为一个有限宽度 b 的回转体,并假设不平衡质量 m 分别为 m_1 和 m_2 两部分,集中在轮辋边缘处,该两平面称为校正面,旋转时形成两个离心力,图中 F_1 和 F_2 为这两个离心力在传感器平面的投影,当 $F_1 \neq F_2$ 或 $F_1 = F_2$,但两者相位不同时,不仅形成不平衡力,还会形成不平衡力矩。因而动平衡仪必须设置两个相互垂直的传感器 A 和 B,以采集支反力 f_A 和 f_B。建立系统的动静力学平衡方

程,以求取 F_1 和 F_2,从而计算不平衡质量 m_1 和 m_2。平衡方程式为

图 4-17 就车式平衡仪

图 4-18 离车式平衡仪

图 4-19 离车式平衡仪检验原理图

$$\begin{cases} \sum x = 0 \\ f_B = F_1 + F_2 \\ \sum M_0 = 0 \\ f_A \cdot a = F_1 \cdot (b + c) + F_2 \cdot c \end{cases} \qquad (4\text{-}8)$$

解出 F_1 和 F_2 为

$$F_1 = \frac{1}{b}(f_A \cdot a - f_B \cdot c) \qquad (4\text{-}9)$$

$$F_2 = \frac{1}{b}\left[f_B(b+c) - f_A \cdot a\right] \tag{4-10}$$

式(4-9)和式(4-10)是车轮动平衡仪的基本检测依据,式中支反力 f_A 和 f_B 由传感器 A 和 B 测得, a 为平衡仪的结构参数,使用者只要将被检测车轮的轮辋宽度 b 和直径 D 以及在平衡机上的安装尺寸 c(由平衡机制造厂家随机提供的专用工具测得)键入解算电路,平衡机解算电路自会按照式(4-9)和式(4-10)计算出离心力 F_1、F_2,再依据 $F = mr\omega^2$ $(r = D/2)$ 计算出不平衡质量 m_1 和 m_2。

2)车轮动平衡仪的结构

车轮动平衡仪按其主轴布置形式不同,分为卧式平衡仪(图4-20)和立式平衡仪(图4-21)。卧式平衡仪最大的优点是被测车轮装卸方便,机械结构和传感装置也较简单,造价也较低廉,因此深受修理厂家欢迎,同时也是制造厂家的首选机型。但因车轮在悬臂较长的主轴上形成很大的静态力矩,影响传感系统的初始设定状态,尤其是垂直传感器的预紧状态,长时间使用后精度难以保证,零漂也较大,但其平衡精度仍然能满足一般营运车辆的要求,其灵敏度能达到10g。

图4-20 卧式平衡仪

立式平衡仪虽然装卸车轮不如卧式平衡仪方便,但其车轮重量直压在主轴中心线上,不但不形成强大的力矩,垂直传感器受到的静荷载反而比车轮重量还小;应变件是一块与工作台面同大的方形应变板,水平传感器设计成左右各一个,比卧式平衡仪的单个水平传感器的力学结构要稳定得多,方形应变板上开有多个空槽以减小应变板的刚性,从而大大地提高了传感系统的灵敏度。因此,立式平衡仪的精度极高,灵敏度可达到3g,且具有良好的重复性和稳定性。

图4-21 立式平衡仪

车轮动平衡仪的参数显示和操作系统采用CRT显示,或用发光二极管显示,其外形结构差异很大,但其基本操作内容大同小异。前者显示形象美观,并有屏幕提示便于操作,但造价较高;后者结构简单,工作可靠,参数调整方便,成本低廉。图4-22所示为最典型的一种操作面板。旋钮1设定轮辋宽度B,旋钮2设定轮辋直径D,旋钮3设定安装尺寸C。对于立式平衡仪,C值是胎面至顶面安全罩的距离(安全罩转下处于工作状态);对于卧式平衡仪,C值是胎面至平衡仪箱体的距离。B、C、D 3个参数相当于原理图4-19中的b、c、D 3个值,C值是一当量值,是图4-19中值c伸向机体外的部分,所余部分已固化在电算电路中。

车轮在平衡机上的定位至关重要,为了确保不同形式和不同规格车轮的中心都能与主轴中心严格重合,离心式车轮平衡仪均配有数个大小不等的定位锥体,如图 4-23 所示。锥体内孔与主轴高精度配套,外锥面与轮辋中心孔紧密接合,并有专用快速蝶形压紧螺母压紧于主轴定位平台上,如图 4-24 所示。注意车轮的外侧向下(立式平衡机)或向内(卧式平衡机)。

图 4-22　操作面板

图 4-23　定位锥体

为了方便用户,离心式平衡仪都随机配备一个专用卡尺,如图 4-25 所示,以供用户测量轮辋直径 D 和轮辋宽度 B,因为轮辋宽度用直尺是难以测量的。为了适应不同计量制式和国度,平衡仪上的所有标尺一般都同时标有英制和米制刻度。

图 4-24　车轮在车轴上的定位　　图 4-25　平衡仪的专用卡尺

车轮平衡的平衡重又称配重。目前通常使用两种形式,图4-26所示为卡夹式平衡重。它用于大多数轮辋有卷边的车轮,对于铝镁合金轮辋,因无卷边可夹,则使用图4-27所示的粘贴式平衡重,其外弯面有不干胶粘贴于轮辋内表面。

图4-26　卡夹式平衡重　　　　　图4-27　粘贴式平衡重

标准的配重有两种系列:一种系列以盎司(oz)为基础单位,分9档,最小为14.2g(0.5oz),最大为170.1g(6oz),间隔为14.2g(0.5oz);另一种以克(g)为基础单位,分14档,最小为5g,最大为80g,60g以上以10g分为一档。

三、任务实施

1 车轮动平衡的检测

(1)检查和清洁车轮动平衡仪与待检测车轮,接通电源。

(2)将车轮拆离车桥,装于车轮动平衡仪主轴上,车轮由专用的定位锥体和紧固件安装就绪后,放下安全罩。

(3)将被测车轮的轮辋直径和轮辋宽度以及安装尺寸输入电测电路。

(4)按下"起动"按钮,即可起动电动机实施平衡,待转数周期累计足够时,平衡仪即会自动显示轮胎两侧的不平衡质量m_1和m_2及其相位。

(5)按下"停止"按钮,待车轮完全停止后打开安全罩。

(6)用手转动车轮,这时发光二极管即会随车轮的转动而上下(或左右)跳闪,将上排光点调至中点。

(7)在车轮的轮辋上平面正对边缘(操作者方向)处加装不平衡质量 m_1,显示的平衡重如图4-28所示,用同样的方法加装不平衡质量 m_2。

被点亮的二极管

加装不平衡质量处

图4-28　装平衡重处

(8)加装完毕后进行第二次试验,观察剩余不平衡量是否满足法规要求。具体的操作步骤,各机型略有差异,使用者应按所用机型的使用说明书进行操作。

2　车轮动平衡仪的测试

车轮动平衡仪的机械系统比较简单,但其主轴的固定部分有应变装置和压电晶体等非电量的电测系统,其应变常数和预紧力等在出厂时已调试就绪,并将有关参数输入电控系统,因而用户不得对主轴进行任何拆卸与调整。事实上车轮平衡仪内,尤其是微处理系统并没有供用户调整和维修的部件。

用户可以按以下两种简易方法对新平衡仪进行验收或对失准的车轮平衡仪进行测试。

第一种方法是将车轮平衡仪不装车轮空机开动,观看仪表板显示的不平衡量值和相位是否为零,此法可初步检验平衡主轴系统,包括主轴、定位锥和快速压紧螺母自身是否平衡,必要时可以找一新车轮并在高一级精度的通用平衡仪上平衡后来检测车轮平衡仪的平衡结果。

第二种方法是将上述平衡良好的车轮在已知相位上装上已知量值的配重,然后测试该车轮平衡仪的显示值是否与已知值吻合,如果该差值超过标准,只能由供货厂家进行保修。

3　注意事项

(1)离心式平衡仪的主轴固定装置装入精密的位移传感器和易碎裂的压电晶体传感器,因此严禁冲击和敲打主轴或传感器支架。

(2)在检修平衡仪时,传感器的固定螺栓不得任意松动。因为这一螺栓不是一般的紧固件,而需要由它向传感晶体提供必要的预紧力,当这一预紧力发生变化时,电算过程将完全失准。

(3)商业系统供给的配重最小间隔为5g,因此,过分苛求车轮平衡仪的精度和灵敏度并无太大的实际意义。特殊情况下,如高速小客车和赛车,则可使用特制的平衡重块。

(4)必须明确平衡仪的机械系统和电算电路都是针对正常使用条件下平衡失准或轻微受损但仍能使用的车轮而设计的,对因交通事故而严重变形的轮辋或胎面大面积剥离的车轮是不能进行平衡作业的。因为,一方面不平衡量过大的车轮旋转时的离心力可能损伤平衡仪的传感系统,而且超值的不平衡力可能溢出电算范围而使设备自动拒绝工作。

(5)当不平衡量超过最大配重时,可将两个以上配重并列使用,但这时要注意因多个配重占用较大的扇面而使其有效质量低于实际质量。因扇面的边缘的质量所处半径 R_2 小于计算半径 R_1,如图4-29所示,这种情况不仅影响该面的平衡力,而且还波及左右两面的力矩值(即动平衡量)。因此,在使用多个平衡重时须慎重处理。

图4-29　多个平衡重的并用

❓学习测试

一、填空题

(1)车轮不平衡的影响因素有＿＿＿＿＿＿、＿＿＿＿＿＿、轮毂与轮辋加工质量不佳和安装位置不正确等。

(2)车轮静不平衡是指车轮质心与＿＿＿＿＿＿不重合。

(3)车轮动平衡时,应先输入轮辋肩部至机体的距离、＿＿＿＿＿＿和＿＿＿＿＿＿3个参数。

二、判断题

(1)用就车式车轮平衡仪检测车轮动、静不平衡情况时,一般若动、静不平衡量在10g以内,则认为车轮可继续使用;若超过10g,则应进行平衡作业。(　　　)

(2)若车轮动、静不平衡量过大,则主要检查车轮平衡块是否脱落,是否存在轮胎异常磨损、局部损坏或修补方法不当的情况,汽车行驶中该车轮是否因发生

过较严重的碰撞而产生轮辋变形等。 （　　）

（3）动平衡仪装有精密的位移传感器和易碎裂的电压晶体传感器,因此严禁冲击和敲打主轴或传感器。 （　　）

（4）动平衡仪的传感器的螺栓拧紧力矩会直接影响检测精度。 （　　）

（5）当车轮质量分布相对于车轮纵向中心面不对称时,会造成车轮的静不平衡。 （　　）

三、选择题

（1）随着汽车行驶里程的提高,（　　）的影响越加突出。

    A.定位参数　　　　B.车轮平衡　　　　C.轮胎磨损　　　　D.轮胎气压

（2）安装平衡块后,车轮的不平衡量不超过（　　）。

    A.5g　　　　　　　B.10g　　　　　　C.15g　　　　　　D.20g

（3）转向车轮不平衡质量在高速旋转时所形成的不平衡力将牵动转向轮左右摆动,影响汽车的（　　）。

    A.转向特性　　　　B.操纵稳定性　　　C.机动性　　　　　D.通过性

（4）在利用离车式平衡仪检测车轮动平衡时,不要求输入的参数是（　　）。

    A.车轮宽度　　　　　　　　　　　　B.平衡机结构参数

    C.车轮轮辋直径　　　　　　　　　　D.车轮安装尺寸

四、问答题

（1）不平衡车轮的成因及其危害性是什么?

（2）何谓静平衡?何谓动平衡?并举例说明。

（3）简述离车式平衡仪的工作原理及操作步骤。

学习任务4　汽车转向轮侧滑检测

📖 学习目标

1. 理解转向轮侧滑的基本概念;

2. 了解侧滑检验台的结构;

3. 理解侧滑检验台的工作原理;

4. 掌握侧滑检验台的操作方法;

5. 正确使用侧滑检验台检测汽车车轮的侧滑量。

一、任务分析

车辆在使用中由于车架、车轴、转向机构的变形与磨损改变了原有的参数值,致使前轮定位失准(主要是前轮外倾角和前轮前束),车辆行驶时转向轮在向前滚动的同时还将产生横向滑移,这就是人们所说的侧滑。当这种滑移现象过于严重时,将破坏车轮的附着条件,使其丧失定向行驶能力,引发交通事故并导致轮胎的异常磨损。使用汽车侧滑检验台可检测车轮侧滑量,用动态检测法使汽车以一定的行驶速度通过侧滑检验台,从而测量转向轮的侧滑量。侧滑检验台有单板式和双板式,本任务主要介绍用双板式侧滑检验台检测车轮侧滑。

二、相关知识

1 车轮侧滑检验台的结构

侧滑检验台是当汽车在滑动板上驶过时,用测量滑动板左右移动量的方法来测量车轮侧滑量的大小和方向,并以此判断前轮定位是否合格的一种检测设备。目前在国内,侧滑检验台有双板联动式侧滑检验台和单板式侧滑检验台。

1)双板联动式侧滑检验台的结构

双板联动式侧滑检验台的结构如图4-30所示,它由机械部分、测量装置、指示装置等部分组成。

图4-30 数字显示的双板联动式侧滑检验台结构

(1)机械部分。机械部分包括左右滑动板、双摇臂杠杆机构、回位装置、导向和限位装置等。滑动板长度有500mm、800mm和1000mm 3种,滑动板越长测试精度越高。滑动板通过滚轮、轨道和两板间的杠杆机构进行左右等量的相对运动。

(2)测量装置。现在大多数侧滑检验台的测量装置有两种:一种是电位计式,另一种是差动变压器式。

电位计式测量装置安装在如图 4-31 所示的位置上。将滑动板的移动量变为电位计触点的位移,从而引起电压量的变化,并传递给指示装置。电位计式测量装置的电路原理如图 4-32 所示,在电位计两端加上一定的电压,当电位计的滑动触点随滑动板移动时,触点的输出电压与位移量成正比,通过指示计可指示出对应于滑动板的位移量。

图 4-31　电位计式测量装置

差动变压器式测量装置的位移传感器安装在如图 4-33 所示的位置上,由滑动板带动位移传感器的拨杆移动,传感器输出与位移量成正比的电压量,并传递给指示装置。差动变压器式测量装置的位移传感器结构及工作原理如图 4-34 所示。差动变压器是将被测信号的变化转换成线圈互感系数变化的传感器,它的结构如同一个变压器,由初级线圈、次级线圈、铁芯等几部分组成。

图 4-32　电位计式测量装置的
电路原理

图 4-33　差动变压器式测量装置

在初级线圈接入电源 U_1 后,次级线圈即感应输出电压 U_2,滑动板移动时引起铁芯的移动,从而引起线圈互感系数的变化,此时的输出电压随之发生相应的变化。它的特点是结构简单、灵敏度高、测量范围大及使用寿命长。

（3）指示装置。常用的指示装置有指针显示和数字显示两种。指针式指示装置如图 4-35 所示，该指示装置把从测量装置传递来的滑动板位移量，按汽车每行驶 1km 侧滑 1m 定为一格刻度指示。因此，滑动板长度为 1m 时，单边滑动板侧滑 1mm 指示一格刻度（侧滑量单位为 m/km）；滑动板长度为 0.5m 时，单边侧滑板侧滑 0.5mm 指示一格刻度。

图 4-34　差动变压器式位移传感器结构及工作原理

根据汽车侧滑检验台的检测标准，常常在指针式指示装置的仪表板上将侧滑量示值分为 3 个区域：侧滑量 0～3m/km（IN 或 OUT）为合格区域（或 GOOD 区域），标记为绿色；3m/km＜侧滑量≤5m/km（IN 或 OUT）为警示区域（或 FAIR 区域），标记为黄色；侧滑量＞5～10m/km（IN 或 OUT）为不合格区域（或 BAD 区域），标记为红色，当指针到达这一区域时伴有蜂鸣声报警。

数字式仪表用数字显示侧滑量，用"＋""－"号表示侧滑方向。

图 4-35　指针式指示装置

2）单板式侧滑检验台的结构

便携式单板侧滑检验台的结构如图 4-36 所示。

在上、下滑动板之间装有滚动棒，从而可以使得上滑动板沿横向（左右方向）自由滑动，但纵向不能移动，当被测车轮从上滑动板通过时，车轮的侧滑通过轮胎与上滑动板间的附着作用传递给上滑动板，使上滑动板左右横向滑动，通过杠杆机械带动指针偏转，从而在刻度尺上显示出侧滑量的大小和方向。为了防止滚动棒滑出上、下滑动板,在两板间设有滚动棒保持架和导轨。当车轮通过上滑动板后,在复位弹簧的作用下,上滑动板重新回位。

另外一种单板式侧滑检验台固定在地面中使用,其主要结构特点是在上、下滑动板之间装有位移传感器,其工作原理同前述双板联动式侧滑检验台一致。这种试验台结构简单、磨损件少、工作可靠,在欧洲得到较普遍的应用。单板式侧滑检验台及其显示仪表部分结构如图4-37所示。

图4-36　便携式单板侧滑
　　　　　检验台结构

图4-37　单板式侧滑检验台
　　　　　及其显示仪表结构

3)侧向力与侧滑量双功能侧滑检验台结构

侧滑检验台是用来检测车轮外倾角和车轮前束值匹配状况是否良好的一种检测设备。但由于滑动板的横向移动会释放积蓄在左、右轮胎与地面间的横向作用力和能量,与实际行车状况不符,为更准确地测出轮胎与地面间的侧向力的大小和方向,可在原有侧滑检验台的基础上,加装上两个测力传感器,测量车轮与地面间的侧向力。

如图4-38所示,在左、右滑动板旁安装了两个测力传感器,两传感器通过连接器与两滑动板相连,它们的连接与松开只要轻扳手柄就可完成。连接器松开时,滑动板可以移动,恢复其原有侧滑检验台的功能,此时的侧滑量由位移传感器测出;连接器连接时,两侧滑板被测力传感器刚性地连接在一起,如同地面一样稳固不动,此时所测得的力就是汽车行驶时所受到的车轮侧向力。采用两个力传感器可以同时测出左右车轮所受到的侧向力的大小,本书为了便于分析比较,作出如下规定:侧滑板受到向外的作用力记为负的侧向力;侧滑板受到向内的作用力记为正的侧向力。

图4-38　加装两个测力传感器的侧滑检验台

该测力传感器使用的是0.02%的高精度应变式传感器,整个侧向力测量过程的电路工作原理图如图4-39所示。

图4-39　测量侧向力电路的工作原理图

侧向力传感器测得的电压信号送入放大器进行放大,该放大器由精密电阻和自稳零运算放大器组成,从放大器输出的电信号一路接A/D转换器,将模拟量转变为数字量并通过计算机采样,进行适时处理和存储;另一路可通过V/I转换器驱动指针式仪表直接显示侧向力的大小及方向,或者采用光线示波器或磁带机等设备记录侧向力在整个测力过程中的变化情况,以便分析判断。侧向力更能准确地反映车轮与地面之间的作用力,从而诊断车轮定位故障。根据实测,侧滑量超过8m/km以上的普通小客车车轮间的侧向力高达1000N。如此大的侧向力很容易破坏车轮附着条件,使汽车失控。试验证明,检测车轮的侧滑量是非常必要的。

2 侧滑检验台的工作原理

1)双板联动式侧滑检验台的工作原理

(1)滑动板仅受到车轮外倾角的作用。这里以右前轮为例,先讨论只存在车轮外倾角(前束为零)的情况。具有外倾角的车轮,其中心线的延长线必定与地面在一定距离处有一个交点O,此时的车轮相当于一圆锥体的一部分,如图4-40所示,在车轮向前或向后运动时,其运动形式均类似于滚锥。

图4-40 具有外倾角的车轮在滑动板上的滚动情况

具有外倾角的车轮在滑动板上滚动时,车轮有向外侧滚动的趋势,由于受到车桥的约束,车轮不可能向外移动,从而通过车轮与滑动板间的附着作用带动滑动板向内运动,运动方向如图4-40所示。此时,滑动板向内移动的位移量记为S_a(即由外倾角所引起的侧滑分量)。按照约定,具有外倾的车轮,由于其类似于滚锥的运动情况,因而无论其前进还是后退时所引起的侧滑分量均为正值。反之,内倾车轮引起的侧滑分量为负值。

(2)滑动板仅受到车轮前束的作用。这里仅讨论车轮只存在前束角(而外倾角为零)的情况。

前束是为了消除具有外倾角的车轮类似于滚锥运动所带来的不良后果而设计的。具有前束的车轮在前进时,由于车轮有向内滚动的趋势,但因受到车桥的约束作用,在实际前进驶过侧滑检验台时,车轮不可能向内侧滚动,从而会通过车轮与滑动板间的附着作用带动滑动板向外侧运动。此时,车轮在滑动板上做纯滚动,滑动板相对于地面有侧向移动,其运动方向如图4-41所示。此时测得的滑动板的横向位移量记为S_t(即由前束所引起的侧滑分量)。按照约定,前进时由于车轮前束引起的侧滑分量$S_t \leq 0$。反之,汽车前进时,由车轮前张(负前束)引起的侧滑分量$S_t \geq 0$。

图4-41　具有前束角的车轮在滑动板上的滚动情况

当具有前束的车轮后退时,在无任何约束的情况下,车轮必定向外侧滚动,但因受到车桥的约束作用,虽然其存在着向外滚动的趋势,但不可能向外侧滚动,从而会通过其与滑动板间的附着作用带动滑动板向内侧移动,其运动方向如图4-41所示。

此时测得滑动板向内的位移量记为 S_t,按照约定,仅具有前束角的车轮在后退时,通过侧滑检验台所引起的侧滑分量 $S_t \geq 0$。反之,仅具有前张角的车轮后退时,通过侧滑检验台所引起的侧滑分量 $S_t \leq 0$。

综上所述,仅具有前束角的车轮,在前进时驶过侧滑检验台时所引起的侧滑分量为负值,在后退时驶过侧滑检验台所引起的侧滑分量为正值。反之,仅具有前张角的车轮,在前进时驶过侧滑检验台时所引起的侧滑分量为正值,在后退时驶过侧滑检验台所引起的侧滑分量为负值。

(3)滑动板受到车轮外倾角和前束角的同时作用。汽车转向轮同时具有外倾角和前束角,在前进时由外倾所引起的侧滑分量 S_t 与由前束所引起的侧滑分量 S_t 的方向相反,因而两者相互抵消。在后退时两者方向相同,两分量相互叠加。在外倾角及前束值不大的情况下,可以认为 S_a 和 S_t 在前进和后退的过程中,侧滑分量数值不变。设车轮在前进时通过侧滑台所产生的侧滑量为 A,在后退时的侧滑量为 B,则可得到下述结论(在遵循上述对侧滑量的符号约定的条件下):

B 大于或等于0,且 B 大于或等于 A 的绝对值。

另外,如果假设前进时的侧滑量就是 S_a 与 S_t 间的简单叠加(或抵消)关系,则还可以得出下列结论:

①若前进时的侧滑量 A 大于一定的正数,后退时的侧滑量 B 大于另一正数,则侧滑量主要是由外倾所引起的。

②前进时的侧滑量 A 小于一定的负数,后退时的侧滑量 B 大于某一正数,则侧滑量主要由前束所引起的。

③外倾角引起的侧滑量 $S_a = (A + B)/2$。

④前束角引起的侧滑量 $S_t = (B - A)/2$。

遵循上述分析与讨论的方法,可以得到其余3种配合情况下侧滑台板的运动规律,从车轮外倾、车轮内倾、车轮前束和前张4个因素中判断出是哪个因素主要引起车轮侧滑的故障。据此,可有效地指导维修人员调整车轮前束及车轮外倾角。

2)单板式侧滑检验台的工作原理

如图4-42所示,汽车左前轮从单滑动板上通过,右前轮从地面上行驶。若右前轮正直行驶无侧滑,即侧滑角 β 为零,而左前轮具有侧滑角 α 向内侧滑时[图4-42a)],通过车轮与滑动板间的附着作用带动滑动板向左移动距离 b。若右前轮也具有侧滑角 β,同样右前轮相对左前轮也会向内侧滑,此时,滑动板向左移动距离 c,并由于左前轮同时向内侧滑的量为 b,则滑动板的移动距离为两前轮向内侧滑量之和,即 $b + c$,如图4-42b)所示。

a)左轮具有侧滑角α、右轮直行时　　b)两轮都具侧滑角α、β时

图4-42　单板式侧滑检验台的测试分析

距离 $b + c$ 可反映出汽车左右车轮总的侧滑量及侧滑方向。也就是说,采用单板式侧滑检验台测量汽车的侧滑量时,虽然是一侧车轮从滑动板上通过,但测量的结果并非单轮的侧滑量,而是左右轮侧滑量的综合反映。此侧滑量与汽车驶过侧滑板时的偏斜度无关。根据这一侧滑量,可以计算出每一边车轮的侧滑量,即单轮的侧滑量为 $(b + c)/2$。

三、任务实施

1 车轮侧滑的检测

不同型号的侧滑检验台,其使用方法有所区别,应根据使用说明书制定操作规程,一般都应进行如下工作。

1)检测前的准备

检测前的准备工作如下:

(1)在不通电的情况下,检查仪表指针是否在零位上;接通电源,晃动滑动板,待滑动板停止后,查看指针是否仍在零位或数据显示仪表上的侧滑量数值是否为零。如发现失准,对于指针式仪表,可以用零点调整电位计或游丝零点调整钮将仪表校零;对于数字式仪表,可按下"校准"键,调节调零电阻,使侧滑量显示值为零,或按"复位"键清零。

(2)检查侧滑检验台及周围场地有无机油、石子、泥污等杂物,并清除干净。

(3)检查各种导线有无因损伤而造成接触不良的部位,必要时应进行修理或更换。

(4)待检测车轮胎气压应符合各自的规定值(出厂标准)。

(5)检查并清除轮胎上的油污、水渍和嵌入的石子、杂物等。

2)检测步骤

(1)松开滑动板的锁止手柄,接通电源。

(2)汽车以3~5km/h的低速垂直驶入,使被测车轮通过滑动板。速度过高会因滑动板的惯性力和仪表的动态响应迟滞而影响测量精度,速度过低也会引起失真误差。

(3)当被测车轮从滑动板上完全通过时,观察指示仪表,读取最大值,注意记下滑动板的运动方向,即区别滑动板是向内还是向外滑动。记录时,应遵循如下约定:滑动板向外侧滑动,侧滑量记为负值,表示车轮向内侧滑动(即 IN);滑动板向内侧滑动,侧滑量记为正值,表示车轮向外侧滑动(即 OUT)。

(4)检测结束后,锁止滑动板,切断电源。

3)检测时的注意事项

(1)不允许超过容许吨位的汽车驶入侧滑检验台,以防压坏或损伤易损零件。

(2)不允许汽车在侧滑检验台上转向或制动,否则会影响检验台测量精度和使用寿命。

(3)前驱动的汽车在测试时,不应该突然加速、制动或踏离合器踏板,这样会改变前轮受力状态和定位角,造成测量误差。

2　车轮侧滑检验台的维护与调整

1)侧滑检验台的维护

(1)试验台不使用时,一定要锁止滑动板,以防止受到外界因素(人或汽车等)引起的经常晃动而损坏测量零件。

(2)保持试验台表面及周围环境清洁,及时清除泥、水和垃圾,以防止它们侵入侧滑检验台。

(3)侧滑检验台上不要停放车辆或堆放杂物,防止滑动板及测量零件变形或损坏。

(4)每使用1个月,应重点检查测量装置、蜂鸣器或信号灯在侧滑量超过规定值时能否及时报警或给出侧滑量不合格的信息。若蜂鸣器、信号灯或限位开关工作状况不良,应给予及时调整或更换。

(5)使用3个月后,除作上述维护作业外,还需检查测量装置的杠杆机构指针和回位装置及联动装置等动作是否灵便。如动作不灵活或有迟滞,应及时进行清洁和润滑工作,必要时需进行修理或更换有关零件。

(6)使用6个月后,除进行第(5)项维护作业外,还需要拆下滑动板,检查滑动板下的滚动轮及导轨,检查各部位有无脏污、变形、松动、锈蚀、磨损等情况,并进行清洁、紧固和润滑工作。对磨损严重的零部件应酌情更换。

(7)使用一年后,除进行第(6)项维护作业外,还须接受有关部门的检定,以确保测试精度。

2)侧滑检验台的检查与调整

汽车侧滑检验台长期使用后,由于零部件磨损变形等会造成测试精度下降,为此需定期(一年或半年)进行检定和调整,以保证测试工作的可靠性。

通过对侧滑检验台的检定,往往会发现示值超差。造成超差的原因基本有两个方面:一是机械方面的原因,主要是滑动板及联动机构等机械构件在制造过程中存在隐蔽缺陷,以及长期使用后零件磨损,间隙增大所致;二是电气方面的原因,测试仪表内的电子元器件日久老化,或使用过程中的操作不慎而造成零点漂移或阻值变化,或部分元件损坏所致。出现超差后的调整方法如下。

(1)调整仪表零点。侧滑台显示仪表依据仪表类型可分为两种调整零点形式:

①电零位调整,即利用仪表上的零点调整电位器,改变电阻值的大小进行调整。

②机械零位调整,即当电零位调整仍无法将仪表指针调零时,可通过机械的方法调整。如改变传感器的安装位置、改变滑臂转动角度(对于旋转电位器)或调整复位弹簧预紧力(对机械指针式显示仪表)等。

(2)调整示值超差。当侧滑台左右滑动板的示值偏大或偏小时,可通过仪表板上增益电位器进行调整。有些侧滑检验台的仪表板上设有两只调整增益用的电位器,对滑动板的向外(IN)和向内(OUT)可分别进行调整。在检定中常可发现,联动机构间隙过大或轴承松旷,可造成仪表示值超差。在此情况下,应注意恢复机构配合间隙,必要时也可更换磨损严重的轴承等易损件。

(3)调整报警判定点超差。由于报警点规定在5km/h点,因此报警判定点超差必然是5km/h点示值误差超差所致。有些仪表板上有电位器调整点,通过它可以方便地进行调整。当无此电位器调整点时,可单用机构调整方法来解决。如调整滑动板下面的机械行程开关进行调节。对于数字式仪表无须调整,由示值精度予以保证。

(4)调整动作力超差。滑动板动作力超差时,可以通过调整复位弹簧预紧力解决,必要时甚至可更换复位弹簧。在测定滑动板动作力时,常可发现在滑动板移动过程中,动作力不均匀,当滑动板移到某一点时,动作力突然增加,造成动作力超差。其主要原因是滑动板卡滞。应注意检查滑动板有无弯曲变形、下滑动板导轨不平,上下滑动板间隙不良或有脏污物造成移动阻力等。机体变形应进行调平校正,并进行彻底清洗和润滑作业。

❓ 学习测试

一、填空题

(1)侧滑一般是指车轮在前进过程中的＿＿＿＿＿＿＿＿现象。

(2)按照约定,具有外倾的车轮,由于其类似于滚锥的运动情况,因而无论其前进还是后退时所引起的侧滑分量均为＿＿＿＿＿＿＿＿值。

(3)通过对侧滑检验台的检定,往往会发现示值超差,造成超差的原因基本有两个方面:一是＿＿＿＿＿＿＿＿的原因;二是＿＿＿＿＿＿＿＿的原因。

二、判断题

(1)按照约定,具有外倾的车轮,由于其类似于滚锥的运动情况,因而无论其前进还是后退时所引起的侧滑分量均为正值。　　　　　　　　　(　　)

(2)单板式侧滑检验台一般由测量装置、指示装置和报警装置等组成。

　　　　　　　　　　　　　　　　　　　　　　　　　　　(　　)

(3)当具有前束的车轮后退时,会通过其与滑动板间的附着作用带动滑动板向外侧移动。   (　　)

(4)汽车转向轮同时具有外倾角和前束角,在前进时由外倾所引起的侧滑分量与由前束所引起的侧滑分量的方向相反,因而两者相互抵消。   (　　)

三、选择题

(1)汽车前进通过侧滑检验台的侧滑板时,若车轮向内滑,说明(　　)。

  A. 前束值过大　　　　　　　　　　B. 前束值过小

  C. 前束值合适　　　　　　　　　　D. 前束值不确定

(2)侧滑检测时汽车以(　　)km/h 的速度垂直驶向试验台,使前轮平稳通过滑动板。

  A. 1~2　　　　　　B. 2~3　　　　　　C. 3~5　　　　　　D. 6~7

(3)用侧滑检验台检验转向轮的横向侧滑量时,其值应小于或等于(　　)m/km。

  A. 2　　　　　　　B. 5　　　　　　　C. 8　　　　　　　D. 6

四、问答题

(1)常用侧滑检验台有几种结构形式?

(2)侧滑检验台常用的传感器有哪几种?它们的作用和工作原理是什么?

汽车的舒适性和通过性认知

学习任务1 汽车的行驶平顺性认知

学习目标

1. 了解振动对行驶平顺性的影响以及人体对振动的反应;
2. 能正确分析影响汽车行驶平顺性的因素。

一、任务分析

现在人们不仅追求汽车的动力性、经济性和安全性,而且越来越注重乘坐是否舒适,这与汽车平顺性的好坏有直接关系。汽车的行驶平顺性是指保持汽车在行驶过程中乘员所受的振动和冲击环境在一定舒适度范围内的性能,因此平顺性主要根据乘员主观感觉的舒适性进行评价。对于载货汽车,还包括保持货物完好的性能。行驶平顺性既是决定汽车舒适性最主要的方面,也是评价汽车性能的主要指标。

二、相关知识

1 汽车振动及其传递途径

行驶平顺性问题可以用图5-1所示框图来分析。行驶中的汽车是一个复杂的"振动系统",振动主要是由行驶路面的凹凸不平、高速旋转的轮胎和传动轴以及发动机的转矩变化而激发的。这些因素引起的振动又大多与车速相关,尤其是路面凹凸不平引起的振动,随着车速的变化,振动的频率和强弱会产生相应的变化。

上述诸多"信号"不断地"输入"行驶中的汽车,而汽车又可以看作是由轮胎、悬架、坐垫等弹性、阻尼元件和悬架质量及非悬架质量构成的"振动系统",各种

"输入"信号沿不同的路径传至乘员人体,其主要传递路径如图 5-2 所示。

图 5-1　汽车振动系统框图

图 5-2　汽车行驶振动传递路径示意图

因路面、轮胎产生的振动,先传到悬架,受悬架自身的振动特性影响后再传给车身,通过车身传到乘客的脚部,同时通过座椅传给乘客的臂部和背部,还通过转向系统以转向盘抖动的形式传到驾驶人手部。

因发动机、传动系统产生的振动,通过支撑发动机、变速器和传动轴的缓冲橡胶块,经衰减后传给车身,再经上述途径传至人体各个部位。

当振动频率超过 40Hz,便形成噪声传入人的耳朵。

作为系统的"输出",是人体或货物受到的振动,其中最重要的是振动频率和振动加速度。任何一个"振动系统"均有一个"固有频率",当外界激振频率接近或等于"固有频率"时,将出现"共振"现象,产生剧烈的振动,这既影响汽车的操纵稳定性,也影响汽车的行驶平顺性。

人体是一个复杂的机械振动系统,人体对振动的反应既与振动频率及强度、振动作用方向和暴露时间有关,也与乘员的心理、生理状态有关。

大量的振动试验表明,人体对不同方向的振动存在差异,对上、下振动忍耐性最强,其次是前后振动,对左、右振动最敏感。人体上下振动的共振点在 4～8Hz,水平振动的共振点在 1～2Hz。如果在共振点上加振,人的抗振能力会严重下降,氧气消耗量剧增,能量代谢加快。

所谓暴露时间是指人体处于振动环境的时间。暴露时间越长,人体所能承受的振动强度越小。

研究汽车行驶平顺性实际上要解决两方面的问题：一是如何避免汽车这个"振动系统"的"共振"现象；二是使"振动系统"输出的振动频率避开人体敏感的范围，振动加速度不超过人体所能承受的强度。

2 行驶平顺性的评价

目前对行驶平顺性的评价仍是以人的主观感觉为最终依据，它既受振动环境特点的影响，又受人的心理、生理因素的影响，所以这种评价及其衡量是非常困难和复杂的。

20世纪70年代初，国际标准化组织（ISO）在综合了大量有关人体全身振动的研究工作和文献的基础上，制定了国际标准《人体承受全身振动能力的评价指南》（ISO 2631），该标准是人体承受全身振动评价的国际通用标准。但ISO 2631是以短时间简谐振动的试验研究成果为基础，而汽车的行驶过程，是长时间随机振动，并伴有一些较大的冲击振动。

我国参照ISO 2613制定了《汽车平顺性试验方法》（GB/T 4970—2009），以此来评价汽车的行驶平顺性。

3 改善平顺性的途径

1）悬架结构

减小悬架刚度，降低固有频率，可以减少由于不平路面而引起乘员承受的加速度值，这是改善平顺性的基本措施，为此，需要采用软弹簧及低的轮胎气压。但悬架刚度也不宜过小，否则，会引起悬架下质量高频振动幅值加大，影响操纵稳定性；还会引起紧急制动时汽车"点头"现象严重，以及转弯时车身容易产生较大的侧倾角等不良现象。

对于荷载变化较大的公共汽车和载货汽车，为满足不同荷载对悬架刚度的不同需要，常采用非线性悬架，即变刚度悬架。荷载较小时，悬架刚度较小，以避免振动频率过高，平顺性变差；当荷载较大时，刚度急剧增大，使汽车的侧倾和纵向角振动减轻。

为避免出现"共振"，前、后悬架的固有频率应避开激振效率。另外，由于来自路面的激振先作用于前轮，然后才作用于后轮，为减轻由此引起的纵向角振动，前悬架的固有频率应略低于后悬架，亦即前悬架刚度略低于后悬架。

2）悬架阻尼

悬架系统的阻尼主要来自减振器、钢板弹簧叶片之间的摩擦以及轮胎变形时橡胶分子间的摩擦。其作用是使车身的振动迅速衰减,减小传递给乘员和货物的振动加速度,缩短振动时间,改善行驶平顺性。此外,还能改善车轮与道路的接触状况,防止车轮跳离地面,提高操纵稳定性。

在使用中,应防止减振器失效及弹簧片生锈锁住,影响行驶平顺性。

3)轮胎

轮胎对行驶平顺性的影响主要取决于轮胎的径向刚度,适当减小轮胎径向刚度,可以改善行驶平顺性。比如采用子午线轮胎径向刚度减小,轮胎的静挠度增加40%以上,行驶平顺性得到改善。但轮胎刚度过低,会引起侧性偏离加大,影响汽车的操纵稳定性。在使用中,通过动平衡试验消除轮胎的动不平衡现象,也是保证行驶平顺性的必要措施。

4)座椅

座椅的布置对行驶平顺性有较大的影响。接近车身中部的座位,振幅较小,前、后两端的座位振幅较大,在相同频率下,乘员感受到的振动加速度就不一致,所以小客车的座位均布置在前后轴轴距之内。载货汽车和公共汽车,为了减少水平前后方向的振幅,座位在高度方向上应尽量缩小与重心间的距离。

坐垫也有一定的减振作用。坐垫的刚度和阻尼要作适当选择,以使人-座椅系统的固有频率避开人体最敏感的 $4 \sim 8Hz$ 范围,同时其相对阻尼系数应达到 0.2 以上。

5)非悬架质量

非悬架质量对汽车的平顺性有较大的影响,其质量的大小直接影响到传递到车身上的冲击力。质量越小,冲击力越小,反之将加大。非悬架质量对行驶平顺性的影响,常用非悬架质量与悬架质量之比 m/M 来评价,此比值小客车一般为 $10.5\% \sim 14.5\%$,以小些为好。

三、任务实施

请从汽车结构因素设计和调整以及使用条件选择等方面入手,分析如何提高汽车行驶平顺性。

学习测试

一、填空题

(1)行驶中的汽车是一个复杂的"振动系统",振动主要是由行驶路面的_____、高速旋转的轮胎和传动轴以及发动机的_____而激发的。

(2) 通过大量的振动试验表明,人体对不同方向的振动存在差异,对_____忍耐性最强,其次是_____,对_____最敏感。

二、判断题

(1) 汽车行驶在不平整的路面上引起的振动,随车速的变化,振动的频率和强弱会产生相应的变化。　　　　　　　　　　　　　　　　　（　　）

(2) 人体对上下方向的振动反应最为敏感。　　　　　　　　　　（　　）

(3) 为避免出现共振现象,前悬架的固有频率应略低于后悬架。　（　　）

(4) 适当减小汽车轮胎径向刚度,可以改善汽车行驶平顺性。　　（　　）

(5) 子午线轮胎比普通斜线轮胎的行驶稳定性好。　　　　　　　（　　）

三、选择题

(1) 轮胎对行驶平顺性的影响主要取决于轮胎的径向刚度,适当(　　)轮胎径向刚度,可以改善行驶平顺性。

　　　A. 减小　　　　　　B. 增加　　　　　　C. 改变　　　　　　D. 以上都不是

(2) 对于荷载变化较大的载货汽车和公共汽车,为满足不同荷载对悬架刚度的不同需要,常采用(　　)。

　　　A. 非线性悬架　　　　　　　　　B. 线性悬架

　　　C. 常刚度悬架　　　　　　　　　D. 以上都不是

四、问答题

(1) 什么是行驶平顺性?

(2) 如何改善汽车行驶平顺性?

学习任务2　空气调节与居住性认知

📖 学习目标

　　1. 了解汽车空调性能的内容;

　　2. 理解汽车居住性对汽车舒适性的影响。

🚗 一、任务分析

空气调节性能是影响汽车舒适性的重要因素。空气调节性能不好,会引起乘员胸闷、晕车等不适感觉,造成驾驶人反应迟钝,影响行车安全。同样车内空间舒适性不好,会使驾驶人感到操作不便、易疲劳,乘员感到难以保持舒适的坐姿等。

二、相关知识

1 空气调节性能

汽车空气调节是指对车内空气质量进行调节,即不管车外的天气情况如何,将车内的温度、湿度和清洁度都保持在一定的舒适范围内。

1)人体对温度的感觉

人体在不断地产生和散发热量,当两者取得平衡而维持体温(36℃)时,人就会感到舒适,若散热过多,人会感觉"冷";多余的热量不能及时散发,人会感到"热"。试验表明,人体对温度的感觉主要受环境温度、湿度和风速 3 个因素的影响。

当环境温度一定时,若降低空气湿度,会使皮肤表面的汗加快蒸发,人便感觉到凉快。增大风速也有同样的效果。在 1m/s 的风速下,人会感觉比无风状态温度下降约 1℃,若风速达到 3m/s,会觉得温度下降约 3℃。

2)舒适的温度范围

人体感到舒适的环境温度随其工作内容、体质状况、性别、年龄和衣着等变化,还受季节、昼夜等自然环境变化的影响。综合这些因素,冬季人体感到舒适的温度范围为 16 ~ 20℃,湿度为 55% ~ 70%;夏季温度范围为 19 ~ 23℃,湿度为 60% ~ 75%。

3)对空气清洁度要求

车厢内空气的洁净程度对舒适性产生重要影响。由于车厢内乘员所拥有的空间有限,人所吸入的氧气 80% 变成二氧化碳排出,另外人体散发出的气味,燃油蒸气、汽车废气、道路尘埃的渗入等,都会导致车内空气质量恶化,影响乘员健康。对车内空气清洁度的指标是按照车厢内二氧化碳的浓度来评定的,一般允许车内的二氧化碳质量分数为 0.5%,最好控制在 0.1% 以下。

4)空气调节

汽车空气调节系统主要实现三大功能:一是换气,将车外的新鲜空气引入车内,将车内气体排到车外,以保持车内二氧化碳浓度不超过规定值;二是温度和湿度的调节,包括冬季的加温除湿,夏季的降温除湿,使车内保持适宜的温度和湿度;三是空气净化,除去车内存在的灰尘和难闻的气味,使空气净化。汽车空气调节系统由四大装置构成,即通风装置、暖气装置、冷气装置、空气净化装置。

换气是空气调节的最基本的功能。要保持每个乘员应有 $0.3 \sim 0.5 \mathrm{m}^3/\mathrm{min}$ 的换气量,使车内二氧化碳浓度在正常的范围内。要合理布置空气的出口、入口,提高换气质量和效率。汽车设计和试制阶段,一般要进行风洞试验,测定车身表面空气压力的分布,将空气入口设置在正压力大的部位,车内气体的出口设置在负压大的部位。小客车的进气口一般开在前风窗玻璃下的机罩上,排气口开在后排座位的车侧。在使用中应注意对空气进口、出口及通道进行清洁维护,以免堵塞而影响换气质量。

除了适宜的温度外,温度的分布情况对人体是否感到舒适也有很大的影响。冬季要求满足以下3点:

(1)脚下左右部位的温差尽可能小。

(2)头部的温度比脚部的温度低 $2 \sim 5 ℃$,即所谓"头寒足热"。

(3)前后座位温差要小,特别是后排座位脚部,应有充足的热风流通。

夏季制冷时则要求尽可能保持上下身相同的温度。

② 居住性

汽车的居住性主要是指合理分配车内空间,布置适应各种人体特征的要求,使驾驶人和乘员经过长时间行驶而不感到疲劳。

1)乘员的居住性

要使乘员长时间乘坐而不感到疲劳,就必须给乘员提供能够随意选择乘坐姿势的宽敞室内空间和舒适可靠的座椅。

由于汽车的外形尺寸有限,要给乘员提供宽敞的室内空间,一方面要在有限的外形尺寸内,制造出必要的居住空间;另一方面是要合理安排居住空间的形状,以更有效地发挥有限居住空间的功效。

车室内容积的确定,应考虑人体尺寸的参差不齐。以被测对象的尾椎点为基准,首先考虑适于各种情况下的坐姿以及供身体转动的足够空间,还要考虑不致因振动而令乘客触及车内装备件而受伤等,这些因素共同决定车室空间的长度、宽度、高度尺寸。在汽车横截面积不变的情况下,采用发动机前置前轮驱动以及减少轮胎装置空间等可以扩大室内有效空间;采用曲面玻璃可以扩大乘员肩部空间。

要使座椅舒适可靠,应使座椅的长度、宽度、高度尺寸与人体尺寸相适应,能按照乘员的体型进行尺寸调整。对于大量生产的汽车,一般能做到的是座椅靠背的倾角可在一定范围内调整(一般为 $3° \sim 8°$)。长途客车的座椅靠背要求可以倾斜25°以上,以便乘客休息。座椅背的结构采用头枕式,可以提高其舒适性。要进一步提高座椅的舒适性,还需对座椅的振动特性进行测试,使其共振频率避开人体和悬架的共振频率。

另外,座椅蒙皮的触感,室内装饰的色彩、乘员的视野等也影响其居住性。

2)驾驶人的居住性

要使驾驶人长时间驾驶而不感到过分疲劳,除上述因素之外,还应满足下列条件:

(1)各类操纵机构布置应合理,便于操作。

(2)各类操纵机构的操作力要适度。

(3)驾驶人座椅高度、前后位置能适度调整,以便使驾驶人能获得与各操纵机构相协调的位置和舒适的坐姿。

(4)具备良好的视野,以便于获取道路状况、各种信号标志和周围汽车情况等必需的外部信息;具备易于辨认的仪表和警示灯等,以便及时获取汽车各装置工作状况和行驶状况的信息等。

三、任务实施

评价几种车型的空气调节系统的性能优劣;选几种同一类型的汽车,测量前排空间、后排空间和后背空间尺寸,比较其空间舒适性。

学习测试

1.汽车空气调节系统三大功能是什么?

2.如何保证乘员和驾驶人良好的居住性?

学习任务3 汽车通过性认知

学习目标

1.掌握汽车通过性的几何参数;

2.理解影响汽车通过性的主要因素。

一、任务分析

虽然方程式赛车具有优越的动力性、操控性、稳定性、平顺性、制动性等,但它底盘很低，离地间隙很小，当路面不平、坡度过大时，就有可能出现触头、拖尾及顶起，甚至无法动弹等现象。也就是说，它虽然具有众多的优良性能，但它却失去了在不平路面的通过性能，所以它只适合在赛道上奔跑。因此，我们有必要研究不同类型车辆的通过性，为大家在选车及使用车辆时提供一些参考。

二、相关知识

1　汽车通过性的几何参数

由于汽车与地面间的间隙不足而被地面托住、无法通过的情况，称为间隙失效。当车辆中间底部的零件碰到地面而被顶住时，称为"顶起失效"；当车辆前端或尾部触及地面而不能通过时，则分别称为"触头失效"和"托尾失效"。显然，后两种情况属同一类失效。

与间隙失效有关的汽车整车几何尺寸，称为汽车通过性的几何参数。这些参数包括最小离地间隙、纵横向通过半径、接近角、离去角、最小转弯半径等，如图5-3所示。

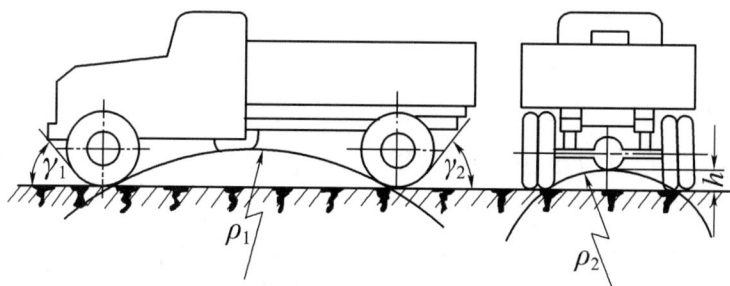

图5-3　汽车通过性的几何参数

γ_1-接近角；γ_2-离去角；ρ_1-纵向通过半径；ρ_2-横向通过半径；h-最小离地间隙

1）最小离地间隙 h

最小离地间隙用符号 h 表示，是指汽车除车轮以外的最低点与路面之间的距离，它表征了汽车能无碰撞地表越过石块、树桩等障碍物的能力。汽车的飞轮壳、前桥、变速器壳、消声器、驱动桥的外壳、车身地板等处一般有较小的离地间隙。

2）纵向通过半径 ρ_1

在汽车侧视图上作出的与前后车轮及两轴中间轮廓线相切之圆的半径，称之为纵向通过半径，用符号 ρ_1 表示。它表示了汽车能够无碰撞地通过小丘、拱桥等纵向凸起障碍物的轮廓尺寸。ρ_1 越小，汽车的通过性越好。

3）横向通过半径 ρ_2

在汽车的正视图上所作与左右车轮及与两轮之间轮廓线相切的圆的半径，称为横向通过半径，用符号 ρ_2 表示。它表示了汽车通过小丘及凸起路面等横向凸起障碍物的能力，ρ_2 越小，通过性越好。

最小离地间隙不足，以及纵向和横向通过半径过大，都容易引起"顶起失效"。

4）接近角 γ_1 和离去角 γ_2

从汽车前端突出点向前轮引切线，该切线与路面的夹角 γ_1 称为接近角。γ_1 越大，汽车通过障碍物（如小丘、沟洼地等）时，越不易发生"触头失效"。

从汽车后端突出点向后轮引切线，该切线与路面的夹角 γ_2 称为离去角。γ_2 越大，汽车通过障碍物时，越不容易发生"托尾失效"。

5）最小转弯半径 R_H 和内轮差 d

转向盘转到极限位置，做转弯行驶，前外轮印迹中心至转向中心的距离（左、右转弯，取较大者），称为汽车的最小转弯半径（图5-4），用符号 R_H 表示。内轮差是指前内轮轨迹与后内轮轨迹半径之差，图中用 d 表示。这两个参数表示车辆在最小面积内的回转能力和通过狭窄弯曲地带或绕过障碍物的能力。

6）车轮半径 r

汽车在不平路面上行驶时，经常要越过垂直障碍物。汽车克服垂直障碍物（台阶、壕沟等）的能力与车轮半径和驱动形式有关，也与路面附着条件有关。汽车越障能力与附着系数的关系如图5-5所示。图中纵坐标为台阶高度 h_w 与车轮直径 D 之比，横坐标为路面附着系数 μ_g。由此图可以看出，全轴驱动汽车比单轴驱动汽车越过台阶能力强；路面附着条件越好，汽车能越过更高的台阶。

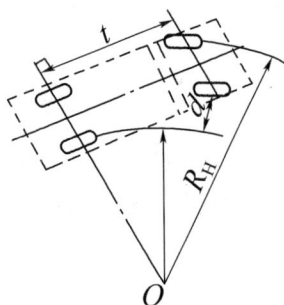

图5-4　最小转弯半径
R_H 和内轮差 d

图5-5　汽车越障能力与附着系数的关系

汽车越过壕沟的宽度 l_d 与其越过台阶的能力直接相关,两者只存在一个换算系数的关系。根据图 5-5 查出汽车在某种路面的 h_w/D 值,则可由下式计算在该种路面条件的 l_d/D 值,即

$$\frac{l_d}{D} = 2\sqrt{\frac{h_w}{D} - \left(\frac{h_w}{D}\right)^2} \tag{5-1}$$

2 影响汽车通过性的主要因素

1) 使用因素

(1) 轮胎气压。汽车在松软路面上行驶时,降低轮胎气压,可使轮胎与路面接触面积增大,从而降低轮胎对路面的单位压力,使路面变形减小,轮胎受到的道路阻力下降。而在硬路面上行驶时,适当提高轮胎压力,可以减小轮胎变形,使行驶阻力变小。故有的越野汽车装有中央充气系统,驾驶人在驾驶室内可根据路面情况调整轮胎气压。

(2) 轮胎花纹。轮胎花纹对附着系数影响很大。越野汽车应选用具有宽而深花纹的轮胎,这是因为在松软地面上行驶时,轮胎花纹嵌入土壤,使附着能力提高;而汽车在潮湿路面上行驶时,只有花纹的凸起部分与路面接触,提高了单位压力,有利于挤出水分,提高附着系数。

(3) 拱形轮胎。不少专用越野车使用了超低压的拱形轮胎。在轮辋直径相同的情况下,超低压拱形轮胎的断面宽度比普通轮胎要大 2~2.5 倍,轮胎气压很低(29.4~83.3kPa)。若用这种轮胎代替并列轮胎,其接地面积可增加到原来的 3 倍。拱形轮胎在沙漠、雪地、沼泽、田间行驶有良好的通过性,但在硬路面上行驶时,会使行驶阻力增加,且易损坏轮胎。

(4) 驾驶技术。驾驶技术对汽车通过性影响很大。为提高通过性,应注意以下 4 点:

①汽车通过松软地段时,应尽量使用低速挡位,以使汽车具有较大的驱动力和较低的行驶速度;尽量避免换挡和加速,尽量保持直线行驶。

②驱动轮是双胎的汽车,如因双胎间夹泥而滑转,可适当提高车速,以甩掉夹泥。

③若传动系统装有强制锁止式差速器,应在汽车进入车轮可能滑转地段之前挂上差速器。如果已经出现滑转再挂差速器,会导致土壤表面被破坏,附着系数下降,从而使效果显著下降。汽车离开坏路地段后,应及时脱开差速器,以免影响转向。

④汽车通过滑溜路面,可以在驱动轮轮胎上套上防滑链条,提高车轮的附着能力。

2)结构因素

(1)发动机的功率与转矩。汽车通过坏路或无路地带时,要克服较大的道路阻力,为此,要提高汽车的通过性,就必须提高单位汽车重力发动机转矩 M_e/G,或提高比功率 P_e/G,这是提高汽车动力性的基础。

(2)传动系统传动比。要提高动力性,另一方面要增大传动系统传动比,故越野车均设有副变速器或使用两挡分动器。越野汽车增加传动系统总传动比的另一作用是降低最低稳定车速,以减小稳定车轮对松软路面的冲击,从而减少由此引起的土壤剪切破坏的概率、提高汽车通过坏路或无路地段的能力。越野汽车的最低稳定车速值见表5-1。

越野汽车的最低稳定车速　　　　　　　　　表5-1

汽车总重量(kN)	<19.6	<63.7	<78.4	>78.4
最低稳定车速 (km/h)	<5	<2~3	<1.5~2.5	<0.5~1

(3)液力传动。装有液力变矩器或液力耦合器的汽车,起步时转矩增加平缓,避免了对路面的冲击,同时,不用换挡也能提高转矩,从而提高汽车的通过性。

(4)差速器。普通锥齿轮式差速器,由于具有在驱动轮平均分配转矩的特性,当一侧车轮出现滑转时,另一侧车轮只能产生与滑转车轮相等的驱动力,使总驱动力不能克服行驶阻力,汽车不能前进。

采用高摩擦差速器,可以使转得较慢的车轮得到较大的驱动力,从而增大总驱动力,有利于提高汽车的通过性。若采用差速器,两边车轮的驱动力可以按各自的附着力来分配,改善通过性的作用更明显。

(5)前、后轮距。若前、后轴采用相同的轮距,且轮胎宽度相等时,后轮可以沿前轮压实的轮辙行驶,从而使全车的行驶阻力减小,提高通过性。所以现代越野汽车普遍采用单胎,且各轴轮距相等。

(6)驱动轮的数目。增加驱动轮的数目,可以提高相对附着重力,获得较大的驱动力,越野汽车均采用全轮驱动。

(7)涉水能力。为了提高汽车的涉水能力,应注意发动机的分电器、火花塞、蓄电池、曲轴箱通风口、机油尺等处的防水密封,并保证空气滤清器不进水。

三、任务实施

从汽车结构和使用的角度,分析提高汽车通过性的措施。

学习测试

一、填空题

(1)汽车的接近角越大,汽车接近障碍物时,越不容易发生_____;汽车的离去角越大,汽车驶离障碍物时,越不容易发生_____。

(2)汽车的通过性主要决定于汽车的_____及_____,也与汽车的_____、_____、_____、_____等密切相关。

(3)间隙失效可分为_____、_____、_____等。

(4)汽车通过性的几何参数主要有_____、_____、_____、_____、_____等。

(5)汽车克服垂直障碍物的能力与_____和_____有关,也与_____有关。

(6)越野汽车一般要增设_____或具有_____,以增大传动系统的总传动比,获得足够大的驱动力。

(7)汽车在松软的路面上行驶时,轮胎气压应_____,而在硬路面上行驶时,适当_____轮胎气压。

二、判断题

(1)最小离地间隙不足,纵向和横向通过半径大,都容易引起"顶起失效"。
(　　　)

(2)全轴驱动汽车比单轴驱动汽车越过台阶能力强;路面附着条件越好,汽车能越过更高的台阶。
(　　　)

(3)最小离地间隙表示汽车无碰撞地越过小丘和拱桥的能力。　　(　　　)

(4)接近角和离去角表示汽车的横向通过能力。　　(　　　)

(5)拱形轮胎不仅在硬路面上行驶,而且在沙漠、雪地、沼泽和田间行驶都具有良好的通过性。
(　　　)

(6)为使全车的行驶阻力减小,提高通过性,现代越野汽车普遍采用双并胎,各轴轮距相等。
(　　　)

三、选择题

(1)汽车的通过性与下列哪项能力无关? (　　　)

A.汽车爬坡度　　　　　　　　B.汽车加速能力

C.汽车转弯能力　　　　　　　D.防滑能力

(2)下列参数中,不是关于汽车通过性的几何参数的是(　　　)。

A.轮胎胎压　　　　　　　　　B.轮胎直径

C.接近角　　　　　　　　　　D.汽车最小转弯半径

四、问答题

(1)什么是汽车的通过性?

(2)汽车的哪些几何参数与通过性有关?

(3)什么是最小转弯半径? 什么是内轮差?

(4)为什么越野车要采用全轮驱动?

项目 6

汽车前照灯和车速表检测

学习任务1 汽车前照灯检测

学习目标

1. 了解前照灯的检验指标和配光特性;
2. 掌握前照灯的检测标准和检测方法;
3. 正确使用前照灯检测仪对汽车进行检测。

一、任务分析

前照灯是汽车在夜间或在能见度较低的条件下,为驾驶人提供行车道路照明的重要装置,而且也是驾驶人发出警示、进行联络的灯光信号装置。所以,前照灯必须有足够的发光强度和正确的照射方向。由于在行车过程中,汽车受到振动,可能引起前照灯部位的安装位置发生变动,从而改变光束的正确照射方向;同时,灯泡在使用过程中会逐步老化,反射镜也会受到污染而使其聚光的性能变差,导致前照灯的亮度不足。这些变化都会使驾驶人对前方道路情况辨认不清,或在与对面来车交会时造成对方驾驶人眩目等,从而导致交通事故的发生。因此,前照灯的发光强度和光束的照射方向被列为汽车运行安全检测的必检项目。

二、相关知识

1 前照灯的检验指标和配光特性

汽车前照灯由灯泡、反光镜和配光镜组成,有远、近两种灯光。前照灯在汽车上的安装方式一般有二灯制和四灯制。

1)汽车前照灯的检验指标

(1)发光强度。发光强度是光线在给定方向上发光强弱的度量,其单位为坎德拉,用符号 cd 表示。按国际标准单位 SI 的规定,若一光源在给定方向上发出频率 540×10^{12} Hz 的单色辐射,且在此方向上的辐射强度为每球面度 1/683W 时,则此光源在该方向上的发光强度为 1cd。

照度表明受光物体被光源照明的程度,其单位为勒克斯,用符号 lx 表示。1lx 等于 1.02 cd 的点光源在半径为 1m 的球面上产生的光照度。在前照灯发光强度不变的情况下,被照物体离光源越远,被照明的程度越差,照度越小。若发光强度用 $I(cd)$ 表示,照度用 $E(lx)$ 表示,前照灯距被照物体的距离为 $s(m)$,则三者之间的关系为

$$E = \frac{I}{s^2}$$

如图 6-1 所示为前照灯主光束照度随距离的变化曲线。可以看出,距离超过 5m 时,实测值和理论计算值基本一致;距离为 3m 时,产生 15% 左右的误差。可见距离越远,越能得到准确的测量值。但由于受到场地限制,在用前照灯检测仪测量时,通常采用在前照灯前方 3m、1m、0.5m、0.3m 的距离进行测量,并将该测量值当作前照灯前方 10m 处的照度。

图 6-1　前照灯主光束照度随距离的变化曲线

(2)光束照射方位的偏移值。如果把前照灯最亮的地方看作是光束的中心,则它对水平、垂直坐标轴交点的偏离,即表示它照射方位的偏移,其偏移的尺寸就是光束照射方位的偏移值,又称光轴的偏斜量。

2)前照灯的配光特性

用等照度曲线表示的明亮度分布特征称为配光特性,又称光形分布特性。前照灯的配光特性有 SAE 配光和 ECE 配光两种。

(1)SAE 配光方式。SAE 配光方式又称美国配光方式,如图 6-2 所示。远光灯丝位于反射镜焦点处,所发出光线经反射后,沿光学轴线方向射向远方;近光灯丝位于焦点之上,所发出的光线经反射后,大部分向下倾斜,从而下部较亮而上部较暗,所形成的光形分布是水平方向宽,垂立方向窄。若等照度曲线左右对称,不偏向一边,上下扩展不太宽,就是好的配光特性。SAE 配光方式的近光照

射在屏幕上的光斑没有明显的明暗截止线。

图 6-2　SAE 配光方式

（2）ECE 配光方式。ECE 配光方式又称欧洲配光方式。其远光配光与 SAE 配光方式相同；但近光灯丝位于反射镜焦点之前，且在灯丝下设一遮光屏。这样，近光光线只落在反射镜上半部分而向下倾斜反射，照到屏幕上时，可看到明显的明暗截止线和明暗截止线转角点的光斑，如图 6-3 所示。

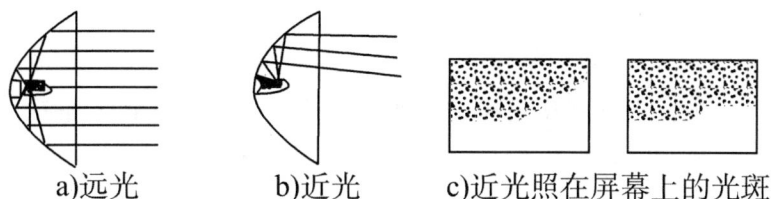

图 6-3　ECE 配光方式

ECE 配光方式有两种：一种在配光屏幕上，明暗截止线的水平部分在 V—V 线（即汽车纵向中心平面在屏幕上的投影线）的左半边[图 6-4a]，右半部分为与前照灯基准中线高度水平线 h—h 成15°斜线向上倾斜；另一种称为 Z 形配光方式，其明暗截止线的左半部分在 h—h 线下 25cm 处，右半部分则与水平成45°角向上倾斜，直至与 h—h 线重合后成为水平线，明暗截止线在屏幕上呈 Z 字形[图 6-4b]。我国前照灯的近光灯已采用 Z 形配光方式，其配光性能在《汽车用灯丝灯泡前照灯》（GB 4599—2007）中作了具体规定。

图 6-4　近光配光方式

2 汽车前照灯的检测

1) 前照灯检测仪的检测原理

汽车前照灯检测仪通过采用能把吸收的光能变成电流的光电池作为传感器,按照前照灯光轴照射光电池产生电流的大小和比例,来测量发光强度和光轴偏斜量。

光电池是一种光电元件,前照灯检测仪上用的主要是硒光电池。硒光电池受光照后,光使金属膜和非结晶硒的上下部产生电动势,由于光电池的上部带负电,下部带正电,因此在金属膜和铁底板上装上引出线后,再把它们用导线连接起来,光电流就可使电流表指针做相应的偏转。这样通过光与电转换,从指针偏转的程度就可以判断出前照灯的发光强度和光轴的方向。

图6-5中的发光强度检测电路由光度计、光电池和可变电阻构成,当前照灯在规定距离处照射光电池时,光电池产生与受光强弱成正比的电流,使光度计的指针偏转,经标定后,其指针偏转的大小便可反映前照灯的发光强度。

图6-6中光轴检测电路中有4块光电池,在$S_上$和$S_下$之间接有上下偏斜指示计,在$S_左$和$S_右$之间接有左右偏斜指示计。打开前照灯,4块光电池各自产生电流,根据$S_上$和$S_下$、$S_左$和$S_右$电流的差值,使上下偏斜指示计和左右偏斜指示计动作。

如果光电池属于无偏斜受光情况,则上下偏斜指示计和左右偏斜指示计的指针均垂直向下,处于0位。如果光轴偏离了中心位置,则偏斜指示计的指针偏离0点,其偏移量反映了光轴偏斜量。通过适当的调节机构,调整光线照射光电池的光照位置,可使偏斜指示计的指针指向0位,那么,此调节量也就反映了光轴的偏斜量。

2) 前照灯检测仪的类型与构造

前照灯检测仪由接受前照灯光束的受光器、使受光器与汽车前照灯对正的校准装置、前照灯发光强度指示装置、光轴偏斜方向和偏斜量的指示装置以及支柱、底板、导轨、汽车摆正找准装置等组成。根据其测量距离和测量方法不同,前照灯检测仪可分为以下4种。

(1)聚光式前照灯检测仪。聚光式前照灯检测仪如图6-7所示,它是在1m的测量距离内,用受光器的聚光透镜把前照灯的散射光束聚合起来,根据其对光电池的照射强度,来检验前照灯的发光强度和光轴偏斜量。根据检测的方法不同,聚光式前照灯检测仪可分为下列3种形式。

图6-5　发光强度检测电路

图6-6　光轴偏斜量测量方法

图6-7　聚光式前照灯检测仪

①移动反射镜式。如图6-8所示,前照灯的散射光束经聚光透镜聚合和反射镜反射后照射到光电池上,若转动光轴刻度盘,反射镜的安装角度随之变化,照射光电池的光束位置也随之变化,从而使光轴偏斜指示计的指针产生偏转。检测时,转动光轴刻度盘使光轴偏斜指示计的指针指示为0。此时,从光轴刻度盘的刻度可读到光轴的偏斜量,同时根据光度计的指示得出发光强度值。

②移动光电池式。如图6-9所示,若转动光轴上下或左右刻度盘,则光电池随之移动,光电池的受光面位置相应发生变化,从而使光轴偏斜指示计指针产生偏转。在检测时,转动光轴刻度盘使光轴偏斜指示计的指针指示为0,此时,从光轴刻度盘上即可得到光轴的偏斜量,同时根据光度计的指示得出发光强度值。

③移动透镜式。如图6-10所示,聚光透镜和光电池用特殊的连接器连成一体,移动与其联动的光轴检测杠杆,光轴偏斜指示计的指针将产生偏转。在检测时,移动光轴检测杠杆,使光轴偏斜指示计的指针为0,根据与杠杆相联动的指针

指示值即可得出光轴的偏斜量,同时根据光度计的指示得出发光强度值。

图 6-8　移动反射镜式检测仪

图 6-9　移动光电池式检测仪

图 6-10　移动透镜式检测仪

(2)屏幕式前照灯检验仪。屏幕式前照灯检验仪如图 6-11 所示,在固定的屏幕上装有可以左右移动的活动屏幕,活动屏幕上装有能上下移动的内部带光电池的受光器。检验时,移动受光器和活动屏幕,使光度计的指示值最大,指示值即为发光强度值,该位置即为主光轴照射位置,从装在屏幕上的两个光轴刻度尺即可读得光轴偏斜量。

图 6-11　屏幕式前照灯检验仪

(3)投影式前照灯检验仪。投影式前照灯检验仪如图 6-12 所示,在聚光透镜的上下和左右方向装有 4 个光电池,前照灯光束的影像通过聚光透镜、光度计的光电池和反射镜后,映射到投影屏上。在检测时,通过上下和左右移动受光器使光轴偏斜指示计的指针指向 0 位,即上下与左右光电池的受光量相等,从而找到被测前照灯主光轴的方向。然后根据投影屏上前照灯光束影像的位置,即可得出主光轴的偏斜量;同时可从光度计的指示值得出发光强度。

图 6-12　投影式前照灯检验仪

常用的光轴测量方法有以下两种:

①投影屏刻度式检测主光轴偏斜量的方法。在投影屏上刻有表示光轴偏斜量的刻度线,根据前照灯影像中心在投影屏上所处的位置,就可以直接测出光轴偏斜量。

②光轴刻度盘式检测主光轴偏斜量的方法。转动光轴刻度盘,使前照灯影像中心与投影屏坐标原点重合,然后由光轴刻度盘上的刻度即可看出光轴的偏斜量。

(4) 自动追踪光轴式前照灯检验仪。自动追踪光轴式前照灯检验仪采用受光器自动追踪光轴的方法检测发光强度和光轴偏斜量,如图 6-13 所示。在受光器聚光透镜的上下与左右装有 4 个光电池,受光器内部也装有 4 个光电池,分别构成主、副受光器,透镜后中央部位装有中央光电池。

检测时,将检测仪放在前照灯前方 3m 的检测距离处,当前照灯光束照射到受光器上时,若前照灯光束照射方向偏斜,则主、副受光器上下或左右光电池的受光量不等,它们各自产生的电流失去平衡,由其电流的差值控制受光器上下移动的电动机或控制箱左右移动的电动机运转,并通过钢丝绳牵动受光器上下移动或驱动控制箱在轨道上左右移动,直至受光器上下、左右光电池受光量相等为止,这就是所谓的自动追踪光轴。追踪时,受光器的位移由光轴偏斜指示计指示,发光强度由光度计指示。自动追踪光轴式前照灯检验仪的检测方法较简单、检测方便,其检测的自动化程度和检测效率高,也便于和其他检测设备连成汽车全自动检测线。

图6-13 自动追踪光轴式前照灯检验仪

三、任务实施

1 汽车前照灯的检测方法

汽车前照灯的检测方法因仪器型号、厂家不同而有所不同,应根据使用说明书进行操作。这里仅介绍一般的检测方法。

1)检测前的准备

(1)检测仪的准备。

①在前照灯检测仪不受光的情况下,调整前照灯检测仪光度计和光轴偏斜指示计指针的机械零点。

②检查聚光透镜和反射镜的镜面上有无污物,若有,用柔软的布或镜头纸擦拭干净。

③检查水准器的技术状况。若水准器无气泡,应进行修理;若气泡不在红线

框内,可用水准器调节器或垫片进行调整。

④检查导轨是否沾有泥土等杂物,若有,应扫除干净。

（2）被测车辆的准备。

①清除前照灯上的污垢。

②轮胎气压应符合汽车制造厂的规定。

③汽车蓄电池应处于充足电状态。

2）检验方法

不同类型的检测仪,其检测方法是有差异的。

（1）聚光式前照灯检测仪。

①被检汽车驶近规定距离,且与检测仪导轨垂直。

②用车辆找准器使检测仪与汽车对正。

③打开前照灯,用前照灯找准器使检测仪与前照灯对正。

④将光度、光轴转换开关扳向光轴侧。

⑤转动光轴刻度盘,使光轴偏斜指示计指0,此时光轴刻度盘上的指示值即为光轴偏斜量。

⑥光轴刻度盘不动,将光度、光轴转换开关拨向光度侧,此时光度计的指示值即为前照灯的发光强度值。

（2）屏幕式前照灯检测仪。

①被测车辆驶近检测仪,且距检测仪3m,方向垂直于检测仪导轨。

②用车辆找准器使检测仪与汽车对正。

③打开前照灯,用前照灯找准器使检测仪与前照灯对正(固定屏幕调整到和前照灯相同的高度,受光器与前照灯中心重合)。

④使左右光轴刻度尺的零点与活动屏幕上的基准指针对正。

⑤将受光器上下左右移动,使光度计指示达到最大值,此时受光器上基准指针所指活动屏幕的上下刻度值和活动屏幕上基准指针所指固定屏幕左右刻度值,即为光轴的偏斜量。

⑥光度计上的指示值,即为前照灯发光强度值。

（3）投影式前照灯检测仪。

①将被测车辆尽可能与导轨保持垂直方向驶近检验仪,使前照灯与检验仪受光器相距3m。

②用汽车摆正找准器使检验仪与被测车辆对正。

③打开前照灯,移动检验仪,使光束照射到受光器上,并使上下和左右光轴

偏斜指示计指示值为0。此时,根据投影屏上前照灯光束影像位置,即可得出光轴的偏斜量。

④根据光度计上的指示值,即可得出前照灯的发光强度。

(4) 自动追踪光轴式前照灯检测仪。

①将被测车辆尽可能与导轨保持垂直方向驶近检验仪,使前照灯与检验仪受光器相距3m。

②用汽车摆正找准器使检验仪与被测车辆对正。

③打开前照灯,接通检验仪电源,用控制器上的上下、左右控制开关移动检验仪的位置,使前照灯光束照射到受光器上。

④按下控制器上的测量开关,受光器随即追踪前照灯光轴,根据光轴偏斜指示计和光度计的指示值,即可得出光轴偏斜量和发光强度。

⑤除了使用前照灯检测仪检测之外,还可以使用屏幕法检测前照灯光束照射位置。

用屏幕法检测前照灯光束照射位置时,场地应平整,屏幕与场地应垂直,被检验的车辆应空载、轮胎气压正常、乘坐1名驾驶人。将车辆停置于屏幕前,并与屏幕垂直,使前照灯基准中心距屏幕10m,在屏幕上确定与前照灯基准中心离地面距离 H 等高的水平基准线,以及以车辆纵向中心平面在屏幕上的投影线为基准确定的左右前照灯基准中心位置线,分别测量左右远近光束的水平或垂直照射方位的偏移值,如图6-14所示。

图6-14 屏幕法检测前照灯光束照射位置

在屏幕上画有3条垂直线和3条水平线:中间垂直线 $V—V$ 与被检车辆的纵

向中心垂直面对齐;两侧的垂直线 $V_左$—$V_左$ 和 $V_右$—$V_右$ 分别为被检车辆左右前照灯基准中心的垂直线。水平线中的 h—h 线与被检车辆前照灯的基准中心等高,距地面高度 H 为被检车辆前照灯基准中心距地面的高度,其值视被检车型而定;中间水平线与被检车辆前照灯远光光束的中心等高,距地面高度为 H_1;下侧水平线与被检车辆前照灯近光光束的中心等高,距地面高度为 H_2。

检测时,先遮盖住一边的前照灯,然后打开前照灯的近光开关,未被遮盖的前照灯的近光明暗截止线转角或光束中心应落在图 6-14 中下边水平线与 $V_左$—$V_左$ 和 $V_右$—$V_右$ 线的交点位置上,否则为光束照射位置偏斜,其偏斜方向和偏斜量可在屏幕上直接测量。用同样方法,检测另一边前照灯近光光束照射位置。

根据检测标准,检测调整前照灯光束的照射位置时,对远、近双光束灯应以检测调整近光光束为主。对于远光单光束前照灯,则要检测远光光束的照射位置。其光束中心应落在中间水平线与 $V_左$—$V_左$ 和 $V_右$—$V_右$ 线的交点位置上。

用屏幕法检测前照灯简单易行,但这种方法只能检测出光束的照射位置,不能检测发光强度。为适应不同车型的检测,需经常更换屏幕,检测效率低,同时需要占用较大场地,因此,目前广泛采用前照灯校正仪对汽车前照灯进行检测。

2　检测标准限值及检测结果分析

汽车前照灯的配光性能和法规有两个:一是原欧洲经济共同体 ECE 法规配光性能标准;二是美国 FVMSS(联邦汽车安全标准)108 号标准,它相当于 ECE 法规 76/756,也就是 SAE 法规配光性能标准。我国采用了类似于 ECE 前照灯配光性能标准,在国家标准《机动车运行安全技术条件》(GB 7258—2017)中,对前照灯的发光强度及光束照射位置有如下规定。

1)基本要求

(1)机动车装备的前照灯应有远、近光变换功能;当远光变为近光时,所有远光应能同时熄灭。同一辆机动车上的前照灯不得左、右地远、近光灯交叉开亮。

(2)所有前照灯的近光均不应眩目,汽车(三轮汽车和装用单缸柴油机的低速货车除外)、摩托车装用的前照灯应分别符合 GB 4599、GB 21259、GB 25991、GB 5948 及 GB 19152 的规定。安装有自适应前照明系统的,应符合 GB/T 30036 的规定。

(3)机动车前照灯光束照射位置在正常使用条件下应保持稳定。

2)检测标准限值

根据《机动车运行安全技术条件》(GB 7258—2017)的规定,汽车前照灯的检验指标为光束照射位置的偏移值和发光强度(cd)。前照灯光束照射位置应符合以下要求:

(1)在空载状态下,汽车、摩托车前照灯近光光束照射在距离 10m 的屏幕上,近光光束明暗截止线转角或中点的垂直方向位置,对近光光束透光面中心(基准中心,下同)高度小于或等于 1000mm 的机动车,应不高于近光光束透光面中心所在水平面以下 50mm 的直线,且不低于近光光束透光面中心所在水平面以下 300mm 的直线;对近光光束透光面中心高度大于 1000mm 的机动车,应不高于近光光束透光面中心所在水平面以下 100mm 的直线,且不低于近光光束透光面中心所在水平面以下 350mm 的直线。除装用一只前照灯的三轮汽车和摩托车外,前照灯近光光束明暗截止线转角或中点的水平方向位置,与近光光束透光面中心所在处置面相比,向左偏移应小于或等于 170mm,向右偏移应小于或等于 350mm。

(2)在空载状态下,轮式拖拉机运输机组前照灯近光光束照射在距离 10m 的屏幕上,近光光束中点的垂直位置应小于或等于 0.7H(H 为前照灯近光光束透光面中心的高度),水平位置向右偏移应小于或等于 350mm,且不应向左偏移。

(3)在空载状态下,对于能单独调整远光光束的汽车、摩托车前照灯,前照灯远光光束照射在距离 10m 的屏幕上,其发光强度最大点的垂直方向位置,应不高于远光光束透光面中心所在水平面(高度值为 H)以上 100mm 的直线,且不低于远光光束透光面中心所在水平面以下 0.2H 的直线。除装用一只前照灯的三轮汽车和摩托车外,前照灯远光发光强度最大点的水平位置,与远光光束透光面中心所在垂直面相比,左灯向左偏移应小于或等于 170mm 且向右偏移应小于或等于 350mm,右灯向左和向右偏移均应小于或等于 350mm。

(4)《机动车运行安全技术条件》(GB 7258—2017)规定,机动车每只前照灯的远光光束发光强度应达到表 6-1 的要求。测试时,其电源系统应处于充电状态。

前照灯远光光束发光强度最小值要求(单位:cd)　　　　表 6-1

机动车类型	检查项目					
	新注册车			在用车		
	一灯制	两灯制	四灯制	一灯制	二灯制	四灯制
三轮汽车	8000	6000	—	6000	5000	—
最高设计车速小于 70km/h 的汽车	—	10000	8000	—	8000	6000
其他汽车	—	18000	15000	—	15000	12000

注:四灯制是指前照灯具有 4 个远光光束;采用四灯制的机动车其中两只对称的灯达到二灯制的要求时视为合格。

3）检测结果分析

（1）前照灯发光强度偏低。前照灯发光强度偏低有下列6种情况。

①左右前照灯发光强度均偏低。检查前照灯反光镜的光泽是否明亮，如昏暗或镀层剥落或发黑应予更换；检查灯泡是否老化、质量是否符合要求，如老化或质量不符合要求，光度偏低者应更换；检查蓄电池端电压是否偏低，如端电压偏低，应先充足电再检测。送检汽车普遍存在蓄电池电量不足、端电压偏低的现象，如由蓄电池供电，前照灯发光强度一般很难达到标准的规定；如由发电机供电则大部分汽车前照灯发光强度增加，多数可达到标准规定。

②左右前照灯发光强度不一致。检查发光强度偏低的前照灯的反射镜光泽是否灰暗，灯泡是否老化，质量是否符合要求，一般多为搭铁线路接触不良或变光开关接触不良。

③所有灯都不亮。故障原因可能是：蓄电池至总开关之间的相线断路；灯总开关损坏；电源总熔断丝熔断；电子自动变光器损坏（对于电子控制前照灯）；远光灯或近光灯的导线都断路或接触不良；前照灯搭铁不良。

④远光或近光不亮。故障原因可能是：变光开关或自动变光器损坏；远光或近光灯的导线有一根断路；双丝灯泡的远光或近光灯丝有一根烧断；灯光继电器损坏；传感器损坏。

⑤前照灯灯光暗淡。故障原因可能是：熔断丝松动；导线接头松动；前照灯开关或继电器触点接触不良；发动机输出电压低；用电设备漏电；负荷过大。

⑥灯泡经常烧坏。故障原因可能是发电机输出电压过高。

（2）前照灯光束照射位置偏斜。前照灯安装位置不当或因强烈振动而错位致使光束照射位置偏斜超标，应予以调整。前照灯光束照射位置偏斜的调整可在前照灯检验仪上进行，先将左右及上下光轴刻度盘旋钮置于所需要调整的方位上，然后调整被检前照灯的安装螺钉，直至左右指示表及上下指示表指针均指向零点。

3　汽车前照灯检测仪的使用及维护

1）使用注意事项

（1）检测仪要事先调整至水平状态。

（2）检测仪不要受外来光线的影响。

（3）必须在汽车保持空载并乘坐1名驾驶人的状态下检测。

（4）汽车有4个前照灯时，一定要把辅助前照灯遮住后再进行测量。

（5）打开前照灯受光器后，一定要使光电池灵敏度稳定后再进行测量。

(6)仪器不用时,要用罩子把受光器盖好,并注意不要受潮、受冲击或让阳光直射。

2)前照灯检测仪的维护

对于前照灯检测仪,应制定良好的维护制度和建立维修档案。建议每3个月对仪器校准或标定一次,以提高维护水平。下面以全自动前照灯检测仪为例,进行简单说明。

(1)导轨:应每日清洗,其运行表面不得有沙砾、油泥及其他阻碍仪器运行的异物。

(2)前立柱:应每日清洁,防止灰尘积聚。每日工作前,应为其加上适量的20号机油,以保证润滑良好。

(3)受光面正面的玻璃镜:应经常用软布擦拭,不应有灰尘、油雾等阻碍光线透射的异物存在。

(4)后立柱:每周至少清洁一次,并加上适量的20号机油,以保证润滑良好。

(5)传动链条:每日清洁一次(可用棉布浸润汽油抹洗),并加上适量的20号机油或钙基润滑脂。

(6)传动轴承:应每月加钙基润滑脂一次。

? 学习测试

一、填空题

(1)汽车前照灯由_____、_____和配光镜构成,有远、近两种灯光。

(2)汽车前照灯的检验指标有_____和_____。

(3)前照灯的配光特性有_____和_____两种。

(4)根据测量方法的不同,聚光式前照灯检验仪可以分为_____、_____、_____等类型。

二、判断题

(1)前照灯检测不合格有两种情况:一是前照灯发光强度偏低,二是前照灯照射位置偏斜。   (   )

(2)发光强度的计量单位是lx,可用前照灯监测仪测出。   (   )

(3)检测对称光前照灯的检测仪所采用的标准是美国SAE标准。   (   )

三、选择题

(1)进行汽车前照灯检测时,被测车辆需要做清除前照灯上的污垢、汽车蓄电池应处于充足电状态、(　　)等准备。

    A.轮胎气压应符合规定   B.LED 灯应该更换

    C.轮胎尺寸符合规定   D.车辆应该处于满载

(2)《机动车运行安全技术条件》(GB 7258—2017)规定,对于车速大于80km 装有两只前照灯的机动车,每只前照灯的远光光束发光强度应达到(　　)。

    A.18000cd   B.12000cd

    C.15000cd   D.8000cd

(3)在空载状态下,对于能单独调整远光光束的汽车、摩托车前照灯,前照灯远光光束照射在距离10m 的屏幕上,其发光强度最大点的垂直方向位置,应不高于远光光束透光面中心所在水平面(高度值为H)以上100mm 的直线且不低于远光光束透光面中心所在水平面以下的直线(　　)。

    A.0.3H B.0.2H C.0.25H D.0.4H

(4)除装用一只前照灯的三轮汽车和摩托车外,前照灯近光光束明暗截止线转角或中点的水平方向位置,与近光光束透光面中心所在处置面相比,向左偏移应小于或等于(　　),向右偏移应小于或等于(　　)。

    A.170mm、100mm   B.170mm、170mm

    C.170mm、250mm   D.170mm、350mm

(5)除装用一只前照灯的三轮汽车和摩托车外,前照灯远光发光强度最大点的水平位置,与远光光束透光面中心所在垂直面相比,左灯向左偏移应小于或等于170mm 且向右偏移应小于或等于350mm,右灯向左和向右偏移均应小于或等于(　　)。

    A.170mm   B.100mm   C.250mm   D.350mm

(6)按照我国的交通法规,汽车前照灯的照射方向应该是(　　)。

    A.偏左偏下   B.偏右偏下   C.水平偏左   D.水平偏右

(7)(　　)会使驾驶人对前方道路情况辨认不清,或在与对面来车交会时造成对方驾驶人眩目等,从而导致事故的发生。

    A.发光强度变强   B.发光强度变弱,照射方向变化

    C.照射方向变化   D.发光强度变弱

(8)对于最高设计车速小于70km/h 的二灯制的在用车,机动车每只前照灯的远光光束发光强度应达到(　　)。

    A.6000cd   B.15000cd

    C.8000cd   D.12000cd

(9)前照灯检测仪根据测量距离和测量方法不同,可分为聚光式、屏幕式、投

影式和( )式。

    A.标准   B.分散

    C.自动跟踪光轴   D.主动

四、问答题

(1)前照灯检测的目的是什么?

(2)前照灯的光学特性有哪些?

(3)试比较屏幕法检测和检测仪检测的特点,并说明为什么在自动安检线上应使用检测仪。

(4)前照灯检测仪有哪几种类型?

(5)全自动前照灯检测仪是如何实现自动追踪光轴的?

学习任务2　汽车车速表检测

学习目标

1.理解车速表误差的形成原因;

2.掌握汽车车速表试验台的结构与工作原理;

3.理解车速表检测标准与结果分析;

4.正确使用汽车车速表试验台。

一、任务分析

汽车驾驶室内仪表台上的车速表是驾驶人判断汽车行驶速度的重要仪表,它能随时向驾驶人提供车速信息,为驾驶人正确控制车速提供重要依据。车速表经长期使用后,其指示误差会越来越大,车速表指示不准或出现故障将直接影响驾驶人对行车速度的判断,从而影响到行车的安全。因此,为保障行车的安全,国家标准《机动车运行安全技术条件》(GB 7258—2017)对汽车车速表指示的要求作出了具体规定,并将车速表的检测列为汽车安全性能的必检项目。本任务要求学生能利用车速表试验台科学地测出车速表的技术状况。

二、相关知识

为了保障在用汽车的车速表符合国家标准的要求,国家规定所有汽车必须定期对车速表进行检测,一旦发现汽车车速表误差超出规定范围,便要对汽车车速表系统进行检修,只有其恢复到正常误差范围之内才能上路行驶。不管是对汽车进行检修还是对汽车进行检测,都必须由汽车维修专业人员完成。汽车维修专业人员要完成上述检测及检修任务,就必须掌握汽车车速表试验台的结构、工作原理及其科学操作等知识。

1 车速表误差的形成与测量原理

1)车速表误差形成的原因

汽车车速表的误差往往会随着汽车使用时间的延长而逐渐增大。造成车速表失准的原因主要有两个方面:一方面是车速表自身的问题;另一方面与轮胎的状况有关。

(1)车速表自身的原因。不论是磁电式或电子式车速表,其主轴都是由与变速器相连的软轴驱动的。对于磁电式车速表(车速表常与里程表做在一起,图6-15),当主轴旋转时,与主轴固定连接的永久磁铁也一起旋转,其磁场会在铝罩上感应涡流,产生的涡流力矩引起铝罩偏转并带动游丝和指针偏转,最后达到涡流力矩与游丝的弹性反力矩相平衡。车速越高,涡流力矩越大,指针偏转的角度也越大。对于电子式车速表来说,主轴的转动会引起传感器产生与主轴转速成正比的脉冲信号,经电子线路放大后,传递到仪表,引起指针偏转或给出数字指示。

指针
刻度盘
数字轮
游丝
磁屏
铝罩
永久磁铁

图 6-15　磁电式车速表

当汽车长期使用后,车速表内带指针的活动转盘、带永久磁铁的转轴以及轴承、齿轮、游丝等机械零件和磁性元件,随着汽车行驶里程的增加,这些零件在工作过程中不可避免地要产生磨损,永磁元件可能退磁老化,这些因素都会造成车速表指示值误差增大。

(2)轮胎方面的原因。由车速表的工作原理可知,车速表的指示值仅与车轮的转速成正比,而汽车行驶的速度相当于驱动轮的线速度,显然线速度不仅与转动速度有关,还与车轮的半径有关。

理论上,若驱动轮半径为 r,其转速为 n,则可以算出汽车行驶的线速度为

$$v = 0.377 \frac{r\, n}{i_g i_0} \qquad (6\text{-}1)$$

式中:v——汽车行驶速度,km/h;

$\quad r$——车轮滚动半径,mm;

$\quad n$——发动机的转速,r/min;

$\quad i_g$——变速器传动比;

$\quad i_0$——主减速器传动比。

实际上,由于轮胎是一个充气的弹性体,所以汽车行驶时,轮胎在受到垂直荷载、车轮驱动力和地面阻力等作用下会发生弹性变形;另外,轮胎磨损、气压不符合标准(过高或不足)等原因也会影响车轮半径的变化。因此,即使在驱动轮转速不变(车速表的指示值也不变)的情况下,上述原因也会引起实际车速与车速表指示值不一致的现象。因此,为了行车安全,定期校验车速表是十分必要的。

2)车速表误差的测量原理

车速表误差的测量原理是以车速表试验台的滚筒作为连续移动的路面,把被测车轮置于滚筒上旋转,来模拟汽车在路面上行驶时的实际状态,进行车速表误差的检测,如图6-16所示。

试验时,将汽车驱动轮置于滚筒上,由发动机经传动系统驱动车轮旋转,车轮借助轮胎的摩擦力带动滚筒转动。滚筒端部装有测速发电机(即速度传感器),测速发电机的转速随滚筒转速的增大而增大,而滚筒的转速与车速成正比,因此测速发电机发出的电压也与车速成正比。滚筒的线速度、圆周长与转速之间的关系,可用下式表达

图6-16　车速表误差的测量原理

$$v = 60 L n \times 10^{-6} \qquad (6\text{-}2)$$

式中:v——滚筒的线速度,km/h;

$\quad L$——滚筒的圆周长,mm;

$\quad n$——滚筒的转速,r/min。

因车轮的线速度与滚筒的线速度相等,故上述的计算值即为汽车的实际车

速值,该值在试验时由试验台上的速度指示仪表显示。车轮在滚筒上转动时,车速表的软轴也由变速器输出轴带动旋转,并在车速表上显示车速值,即车速表指示值。将上述试验台上速度指示仪表上显示的实际车速值与车速表上显示的车速指示值相比较,即可得出车速表的误差。

2 车速表试验台的结构

车速表试验台有3种类型:无驱动装置的标准型,它依靠被测车轮带动滚筒旋转;有驱动装置的驱动型,它由电动机驱动滚筒旋转;把车速表试验台与制动试验台或底盘测功试验台组合在一起的综合型。

1)标准型车速表试验台

标准型车速表试验台主要由滚筒、举升器、测量装置、显示仪表及辅助装置等部分组成,其结构示意图如图6-17所示。

图6-17 车速表试验台结构示意图

(1)滚筒部分。车速表试验台左右各有两个滚筒,用于支撑汽车的驱动轮。在测试过程中,为防止汽车的差速器起作用而造成左右驱动轮转速不等,前面的两个滚筒是用联轴器连在一起的。滚筒多为钢制,表面有防滑材料,直径多为175~370mm,为了标定时换算方便,直径多选择176.8mm,这样滚筒转速为1200r/min时,正好对应滚筒表面的线速度为40km/h。

(2)举升器。举升器置于前后两个滚筒之间,多为气动装置,也有液压驱动和电动机驱动的。测试时,举升器处于下方,以便滚筒支撑车轮。测试前,举升器处于上方,以便汽车驶上试验台,测试后,靠气压(或液压、电动机)升起举升器,顶起车轮,以便汽车驶离试验台。

(3)测量元件。测量元件即测量转速的传感器,其作用是测量滚筒的转动速度。通过转速传感器将滚筒的转速转变成电信号(模拟信号或脉冲信号),再传递到显示仪表。常用的转速传感器有测速发电机式、光电编码式和霍尔元件式等。

①测速发电机式。测速发电机是一种永磁发电机,由于制作精密,它能够产生几乎与转速完全成正比的电压信号(图6-18),将它安装在滚筒一端。当滚筒转动时,测速发电机就可以输出与转速成正比的电压,此信号经放大和A/D转换后传递到单片机中处理。

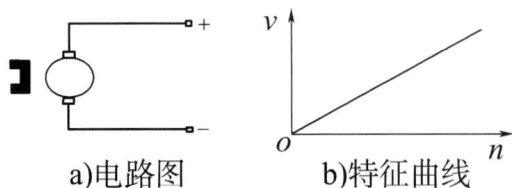

a)电路图 b)特征曲线

图6-18 直流永磁测速发电机电路图及特征

②光电编码式(图6-19)。它有一个带孔或带齿的编码盘,安装在滚筒的一端并随滚筒转动。有一对由光源和光接收器组成的光电开关,其中光源一般是发出红外光,光接收器多由光敏晶体管和放大电路组成,可将收到的光信号变为电信号。光源和光接收器分别置于编码盘的两侧,并彼此对准。当编码盘转动时,光源发出的光线周期性地被遮住,于是光接收器将收到断续的光信号,并转换成一系列的电脉冲(脉冲信号),脉冲频率与滚筒转速成正比。此脉冲信号经过光电隔离等环节之后,也传递到单片机中处理。

a)光线被遮住,接收器无信号 b)光线未被遮住,接收器有信号

图6-19 光电编码式转速传感器原理图

③霍尔元件式(图6-20)。霍尔元件是利用霍尔效应原理,将带齿的圆盘固定在滚筒一端,并随滚筒一起转动,当圆盘的齿未经过磁导板时,有磁场经过霍尔元件,因而感应霍尔电动势。当圆盘的齿经过磁导板时,磁场被短路,霍尔电动势消失,所以霍尔元件可以产生与转速成正比的脉冲信号。此脉冲信号同样经过一定的隔离处理后,传递到单片机中。

④显示仪表(或显示器)。目前多用智能型数字显示仪表,也就是一个单片机系统。来自传感器的信号经放大、模/数(A/D)转换或经滤波整形后进入单片机中处理,再输出显示测量结果。在全自动检测线上也有直接把转速传感器信

号接到工位机(或主控机)上直接进行处理的。

图6-20　霍尔元件式转速传感器原理图

⑤辅助部分。

a. 安全装置。车速表试验台滚筒两侧设有挡轮,以免检测时车轮左右滑移损坏轮胎或设备。

b. 滚筒抱死装置。汽车测试完毕出车时,如果只依靠举升器,可能造成车轮在前滚筒上打滑。为了防止打滑,增加滚筒抱死装置,与举升器同步,举升器升起的同时,抱死滚筒,举升器下降时放开。

c. 举升保护装置。车辆在车速表试验台上运转时,举升器突然上升会导致严重的安全事故,因而车速表试验台设有举升器保护装置(软件或硬件保护),以确保滚筒转速低于设定值后(如5km/h)才允许举升器上升。

2)驱动型车速表试验台

多数汽车的车速表转速信号,取自变速器或分动器的输出轴,但对于后置发动机的汽车,由于驱动车速表的软轴过长会出现传动精度和寿命等方面的问题,所以转速信号取自前轮。驱动型车速表试验台就是为了适应后置发动机汽车的试验而制造的,它的结构(图6-21)基本上与标准型车速表试验台相

图6-21　驱动型车速表试验台

同,不同的是在滚筒的一端装有电动机,用以驱动滚筒,再带动汽车从动轮旋转。

这种试验台在滚筒与电动机之间装有离合器,若试验时将离合器分离,又可作为标准型试验台使用。

三、任务实施

车速表的检测方法因试验台的牌号、形式而异,应根据使用说明书进行操作。这里仅介绍一般的检测方法。

1 检测前的准备

1)试验台的准备

(1)在滚筒静止状态检查指示仪表是否在零点位置上,若有偏差,可用零点调整旋钮(或零点调整电位计)调整。

(2)检查滚筒上是否沾有油、水、泥等杂物。若有,要清除干净。

(3)检查举升器动作是否自如和有无漏气部位。若有阻滞或漏气部位,应予修理。

(4)检查导线的接触情况。若有接触不良或断路,应予修理或更换。

(5)经常使用的试验台,不一定每次使用前都要进行上述检查。

2)被测车辆的准备

(1)轮胎气压应符合汽车制造厂的规定。

(2)轮胎沾有水、油等或轮胎花纹沟槽内嵌有小石子时,应清除干净。

2 检测方法

(1)接通试验台电源。

(2)升起滚筒间的举升器。

(3)将被测车辆输出车速信号的车轮尽可能与滚筒成垂直状态地停放在试验台上。

(4)降下滚筒间的举升器,至轮胎与举升器托板脱离为止。

(5)用挡块抵住位于试验台滚筒之外的一对车轮,防止汽车在测试时滑出试验台。

(6)使用标准型试验台时应进行如下操作:

①起动汽车,待汽车的驱动轮在滚筒上稳定后,换入最高挡,踩下加速踏板使驱动轮平稳地加速运转。

②当汽车车速表的指示值 v_1 达到规定检测车速(40km/h)时,读出试验台速度指示仪表的指示值 v_2;或当试验台速度指示仪表的指示值达到检测车速时,读取车速表的指示值。

(7)使用驱动型试验台时应进行如下操作:

①接合试验台离合器,使滚筒与电动机连在一起。

②将汽车的变速器换入空挡,接通试验台电源,使电动机驱动滚筒旋转。

③当汽车车速表达到检测车速时,读取试验台速度指示仪表的指示值;或当试验台速度指示仪表达到检测车速时,读取汽车车速表的指示值。

（8）测试结束后，轻轻踩下汽车制动踏板，使滚筒停止转动。对于驱动型试验台，必须先关断电源再踩制动踏板。

（9）升起举升器，去掉挡块，汽车驶离试验台。

（10）切断试验台电源。

3　车速表试验台的使用及维护

1）使用注意事项

（1）测试前应先检查车辆的轴重是否在试验台的允许范围之内。

（2）严禁车辆在试验台上做紧急制动。

（3）测试过程中严禁升起举升器。

（4）对于前轮驱动车辆，应操纵转向盘确保汽车在测试过程中前轮保持直线行驶状态。

（5）驱动型车速表试验台作为标准型车速表试验台使用时，一定要将离合器分离，使滚筒与电动机脱开。

（6）如果举升器是气压的，则在测试完毕后务必使举升器气缸处于充气状态。

（7）试验台不检测时，禁止在上面停放车辆。

2）试验台的维护

（1）每日维护。检查并调整滚筒静止时仪表的零点位置；检查滚筒表面是否沾有油、水、泥等杂物，若有，予以清除；检查举升器动作是否自如和有无漏气（或漏油）部位，若有问题，予以修复；检查导线的连接情况，若有接触不良或断路，应予修复。

（2）季度维护。除每日的检查内容外还应进行下列检查：检查滚筒的运转状况有无异响、损伤，运转是否平稳；检查联轴器是否松旷；检查传感器固定情况，插头有无松动；检查滚筒制动器的磨损情况，当举升器升起后，被检车辆驶离试验台时，车轮不应带动滚筒旋转。

（3）年度维护。按《滚筒式车速表检验台检定规程》（JJG 909—2009）规定内容逐项检查，并进行相应的维护。该检定规程对滚筒式车速表试验台的技术要求如下：

①外观及性能。车速表试验台应有清晰的铭牌和标志；仪表为数字显示时，显示应正确、清晰，显示值保留时间不少于 8s。配有打印装置时，其打印结果应清楚，不应有缺笔短画的现象；显示仪表为指针式时，表盘应清晰，指针运转平稳，不允许有松动和弯曲现象；机械、电气部分应完整无损，工作可靠；升降机构工作应协调平稳，不漏气（油）；滚筒表面完好，运转自如，轴承工作时无异响；外露焊缝平整，涂漆色泽均匀、光滑、美观。

②零值允许误差应小于±1km/h。

③示值允许误差,在3km/h以上时,新制造的车速试验台不大于±1%;使用中的车速表试验台不大于±3%。

④滚筒表面的径向圆跳动量:新制造的不大于0.40mm;使用中的不大于1.00mm。

⑤滚筒表面局部磨损率不得超过其标称直径的1%。

⑥平均每个轴承的起动转矩不大于0.5N·m。

4 检测标准及检测结果分析

国家标准《机动车运行安全技术条件》(GB 7258—2017)中规定,车速表指示误差(最高设计车速不大于40km/h的机动车除外),车速表指示车速v_1与实际车速v_2之间应符合下列关系式:$0 \leqslant v_1 - v_2 \leqslant (v_2/10) + 4$,即将被测机动车的车轮驶上车速表试验台的滚筒上使之旋转,当该机动车车速表指示值(v_1)为40km/h时,车速表试验台速度指示仪表的指示值(v_2)为32.8~40km/h范围内为合格。或车速表试验台速度指示仪表的指示值(v_2)为40km/h时,读取该机动车车速表指示值(v_1),v_1在40~48km/h范围内为合格。

❓ 学习测试

一、填空题

(1)汽车车速表的误差往往会随着汽车使用时间的延长而逐渐_____。造成车速表失准的原因,主要有两个方面:一方面是_____;另一方面是_____。

(2)由车速表的工作原理可知,车速表的指示值仅是与车轮的转速成正比,而汽车行驶的速度相当于驱动轮的线速度,显然线速度不仅与转动速度有关,还与_____有关。

(3)车速表试验台有3种类型:_____、_____及_____。

(4)标准型车速表试验台主要由_____、_____、_____、_____及_____等组成。

二、判断题

(1)后置发动机的汽车转速信号取自后轮。　　　　　　　　　　(　　)

(2)滚筒的线速度就是汽车的实际车速值。　　　　　　　　　　(　　)

(3)被测车辆的轮胎气压可以小于汽车制造厂的规定。　　　　　(　　)

（4）轮胎沾有水、油等或轮胎花纹沟槽内嵌有小石子时,应清除干净。

（　　）

三、选择题

（1）国家标准《机动车运行安全技术条件》（GB 7258—2017）规定的车速表误差公式为（　　）。

　　A.$0 \leqslant v_1 - v_2 \leqslant (v_2/10) + 4$　　　　B.$v_1 - v_2 \leqslant (v_2/10)$

　　C.$v_1 - v_2 \leqslant (v_2/10) + 4$

（2）对汽车车速表进行检测前,不应该（　　）。

　　A.检查胎压　　　　　　　　　B.清理轮胎

　　C.拉紧驻车制动器操纵杆　　　D.给车轮垫三角挡块

（3）按国家标准《机动车运行安全技术条件》（GB 7258—2017）规定,车速表指示为40km/h时,实际车速（　　）为合格。

　　A.为40～48km/h　　　　　　B.为32.8～40km/h

　　C.等于40km/h　　　　　　　D.小于40km/h

（4）将被测机动车的车轮驶上车速表试验台的滚筒上使之旋转,当该机动车车速表的指示值（v_1）为40km/h时,车速表试验台速度指示仪表的指示值（v_2）为（　　）范围内为合格。

　　A.38～48km/h　　　　　　　B.40～48km/h

　　C.33.3～42.1km/h　　　　　D.32.8～40km/h

（5）车速表试验台的举升保护装置的作用是（　　）。

　　A.防止车轮左右摆动　　　　　B.制动滚筒

　　C.当轮速低于某值时才能让举升器上升

四、问答题

（1）车速表误差是如何形成的?简述车速表误差测量原理?

（2）按照《机动车运行安全技术条件》（GB 7258—2017）的有关规定,车速表允许的误差范围是什么?

（3）当车轮轮胎磨损后,车速表指示的数值将偏快还是偏慢?为什么?

（4）某车在滚筒试验台上校验车速表,当车速表的读数为40km/h时,试验台测出的实际车速是41.1km/h,该车速表是否合格?

（5）叙述车速表试验台的基本结构与工作原理。

（6）常见的速度传感器有哪几种形式?其发出的信号分别属于什么类型的信号?

项目 7

汽车排放与噪声检测

学习任务 1　汽车排放检测

📖 学习目标

1. 了解汽车排放污染物的主要成分及危害；
2. 了解我国现行汽车排放检测相关标准；
3. 理解汽车排放检测设备结构与原理；
4. 掌握汽车排放污染物检测方法；
5. 能正确使用排放检测设备检测汽车排放污染物。

一、任务分析

据统计，全国汽车污染量约占污染总量的 70%。城市空气中 90% 以上的 CO、60% 以上的 HC 和 30% 以上的 NO_x 均来自汽车排放，这会对地球和人类造成极大的危害。

为了有效地控制汽车排放污染物的扩散，就必须制订相关标准，加强对汽车排放污染物的检测。而如何进行检测以及对检测结果进行分析，就是汽车检测人员必须掌握的知识。众所周知，汽车排放污染物并不是单一的气体，有些成分对环境是无害的，而如何在这些废气中检测出有害气体的含量是否超出了有关标准，这就需要我们熟悉汽车排放污染物的种类、现行的有关标准以及检测仪器设备的使用方法，只有这样，才能正确对汽车排放污染物进行检测。

二、相关知识

1 汽车排放污染物的主要成分及其危害

目前汽车排放气体对大气的严重污染已发展成为世界性问题,引起了人们的高度关注。尤其是在一些大中型城市,随着汽车保有量的增加,汽车的生产、销售、使用、报废带来了环境大气危害和城市的空气污染。如汽车排放的二氧化碳(CO_2)、硫化物(SO_x)[指一氧化硫(SO)和二氧化硫(SO_2)]、氮氧化物(NO_x)[指一氧化氮(NO)和二氧化氮(NO_2)]、氟氯烃等使温室效应、臭氧层破坏和酸雨等大气环境问题变得更为严重;汽车排出的 CO、NO_x、SO_x、未燃碳氢化合物(HC)、颗粒物(PM)和臭味气体等污染了空气,对人类和动物、植物危害甚大。汽车排放污染物造成的环境污染情况将日趋严重,所以对汽车排放污染物的监控与防治,已处于刻不容缓的地步。

1)一氧化碳(CO)

CO 是汽油烃类成分燃烧的中间产物,其燃烧过程如下

$$C_mH_n + \frac{m}{2}O_2 = mCO + \frac{n}{2}H_2$$

如空气量充足则有

$$2CO + O_2 = 2CO_2$$

$$2H_2 + O_2 = 2H_2O$$

根据反应式可知:理论上,当混合气空燃比≥14.7:1时,即在氧气充足情况下,排气中将不含 CO 而代之产生 CO_2 和未参加燃烧的 O_2。但现实中由于混合气的分布并不均匀,总会出现局部缺氧的情况,当空气量不足,即混合气空燃比≤14.7:1时,必然会有部分燃料不能完全燃烧而生成 CO。比如发动机在怠速时,燃烧的混合气偏浓,此时发动机工作循环中的气体压力与温度不高,混合气的燃烧速度减慢,就会引起不完全燃烧,使 CO 的浓度增加。发动机在加速和大负荷范围工作或点火时刻过分推迟时,也会使尾气中 CO 的浓度增加。同时即使燃料和空气混合很均匀,由于燃烧后的高温,已经生成的 CO_2 也会有小部分被分解成 CO 和 O_2。另外,排气中的 H_2 和未燃烃 HC 也可能将排气中的部分 CO_2 还原成 CO。总之,空燃比是影响排气中 CO 含量的主要因素。

CO 是一种无色、无刺激的气体,是汽车发动机排气中有害浓度最大的成分。人体吸入的 CO 很容易和血红蛋白结合并输送到体内,阻碍血红素带氧,造成体内缺氧而引起窒息。

2)碳氢化合物(HC)

排气中的 HC 是由未燃烧的燃料烃、不完全氧化产物以及燃烧过程中部分被分解的产物所组成。当混合气过稀或缸内废气过多时会出现火焰传播不充分,即燃烧室部分地区由于混合气过稀或缸内残余废气系数过高而不能燃烧,出现断火。这时,排气中的 HC 浓度会显著增加。

碳氢化合物总称烃类,是发动机未燃尽的燃料分解产生的气体。单独的 HC 只有在浓度相当高的情况下才会对人体产生影响,一般情况下作用不大,但它却是产生光化学烟雾的重要成分。

3)氮氧化合物(NOₓ)

氮氧化合物主要指一氧化氮(NO)和二氧化氮(NO_2),它是由排气管排出。试验证明,供给略稀的混合气(空燃比≥15.5)会增大 NO_x 的排放量。汽油机排出的氮氧化物中,NO 占99%,而柴油机排出的氮氧化物中 NO_2 比例稍大。高浓度的 NO 能引起神经中枢的障碍,并且容易氧化成剧毒的 NO_2,NO_2 有特殊的刺激性臭味,严重时会引起肺气肿。

HC 与 NO_2 的混合物在紫外线作用下进行光化学反应形成黄色烟雾,其主要成分是臭氧(O_3),该现象称为"光化学烟雾"。臭氧等过氧化物对人的眼、鼻和咽喉黏膜有较强的刺激作用,可引起结膜炎、鼻炎、支气管炎等症状,并伴随有难闻的臭味,严重时可致癌。1943年美国发生的洛杉矶烟雾事件、1952年伦敦的烟雾事件,以及1970年日本的四日市事件,都是最有代表性的光化学烟雾事件。在这些大气污染事件中,受害和死亡的人数竟以千计。1995年,我国的成都、上海发生了光化学烟雾,北京和南宁分别于1998年和2001年也发生过光化学烟雾事件。

4)颗粒物(PM)

汽油机中的主要微粒是铅化物、硫酸盐、低分子物质;柴油机中的主要微粒是石墨形的含碳物质(炭烟)和高分子量有机物(润滑油的氧化和裂解产物)。柴油机的微粒量比汽油机多30~60倍,成分比较复杂。特别是炭烟,主要由直径0.1~10μm 的多孔性炭粒构成,它除了会被人体吸入肺部沉淀下来外,还往往黏附有 SO_2 及致癌物质,严重危害人体健康。

由燃烧室排放出的颗粒物(Particulate Matter,PM)有3个来源:一是不可燃物质;二是可燃的但未进行燃烧的物质;三是燃烧生成物。燃烧过程排出的颗粒物质的组成中大部分是固态炭,火焰中形成的固体炭粒称为炭黑。炭黑可以在燃烧纯气体燃料时形成,但更多的则是在燃烧液体燃料时形成。颗粒物质的组成中除炭黑外还有碳氢化合物、硫化物和含金属成分的灰分等。含金属成分的颗粒物主要来自燃料中的抗爆剂、润滑油添加剂以及运动产生的磨屑等。

柴油发动机燃料燃烧不完全时,其内含有大量的黑色炭颗粒。形成的炭烟能影响道路上的能见度,并因含有少量的带有特殊臭味的乙醛,往往引起人们恶心和头晕。炭烟不仅本身对人的呼吸系统有害,而且炭烟粒的孔隙中往往吸附着二氧化硫及有致癌作用的多环芳香烃等。

5)硫氧化物(SO_x)

汽车尾气中硫氧化物的主要成分为二氧化硫(SO_2)。当汽车使用催化净化装置时,即使很少量的 SO_2 也会逐渐在催化剂表面堆积,造成所谓催化剂中毒,不但缩短催化剂的使用寿命,还危害人体健康,而且 SO_2 还是造成酸雨的主要物质。

6)二氧化碳(CO_2)

世界工业化进程引起的能源大量消耗,导致大气中 CO_2 的含量剧增,其中约30%来自汽车排放。CO_2 为无色无毒气体,对人体无直接危害,但大气中 CO_2 含量的大幅度增加,因其对红外热辐射的吸收而形成温室效应,会使全球气温上升、南北极冰层融化、海平面上升、大陆腹地沙漠趋势加剧,使人类和动植物赖以生存的生态环境遭到破坏。因此,近年来 CO_2 的控制也已上升为汽车排放研究的重要课题。

除以上几种物质外,还有臭气。它由多种成分组成,主要是燃料的不完全燃烧产物,如甲醛、丙烯醛等,当汽车停留在街道路口时,产生这些物质较多,它能刺激眼睛的黏膜。除了与燃烧条件有关外,臭气的产生还与燃料的组成有关,随着燃料中芳香烃的增加,排气中的甲醛略有减小,芳香烃的少许增加,可以适当减少臭气,但却增加了更容易产生光化学烟雾的芳烃。

2 国六排放标准及其实施和影响分析

1)国六排放标准简介

我国的汽车尾气排放标准是参照欧盟(EU)标准制定的,欧四排放标准于2005年底开始实施,欧五排放标准于2009年开始实施,欧六排放标准于2013年开始实施。而我国环境保护部在2010年发布国四排放标准并于2012年1月1日起正式执行;2013年9月环境保护部又发布了《轻型汽车污染物排放限制及测量法(中国第五阶段)》,自2017年1月1日起施行。环境保护部、国家质检总局分别于2016年12月23日、2018年6月22日发布了国家第六阶段机动车污染物排放标准——《轻型汽车污染物排放限值及测量方法(中国第六阶段)》(GB 18352.6—2016)和《重型柴油车污染物排放限值及测量方法(中国第六阶段)》(GB 17691—2018)。国家第六阶段机动车污染物排放标准发布时称,自

2020年7月1日起，《轻型汽车污染物排放限值及测量方法(中国第六阶段)》(GB 18352.6—2016)替代《轻型汽车污染物排放限值及测量方法(中国第五阶段)》(GB 18352.5—2013)，所有销售和注册登记的轻型汽车应符合该标准；自2019年7月1日起，《重型柴油车污染物排放限值及测量方法(中国第六阶段)》(GB 17691—2018)正式实施，《装用点燃式发动机重型汽车曲轴箱污染物排放限值》(GB 11340—2005)中气体燃料点燃式发动机相关内容及《车用压燃式、气体燃料点燃式发动机与汽车排气污染物排放限值及测量方法(中国Ⅲ、Ⅳ、Ⅴ阶段)》(GB 17691—2005)废止。

2)国六排放标准的重要意义

轻型汽车国六排放标准的重要意义体现在：一是从以往跟随欧美机动车排放标准转变为大胆创新，首次实现引领世界标准制定，有助于我国汽车企业参与国际市场竞争，推动我国汽车产业发展；二是在我国汽车产能过剩的背景下，可以起到淘汰落后产能、引领产业升级的作用；三是能够满足重点地区为加快改善环境空气质量而加严汽车排放标准的要求。

3)国六排放标准技术内容上的突破

轻型汽车国六排放标准在技术内容上具有6个突破：一是采用全球轻型汽车统一测试程序，全面加严了测试要求，有效减少了实验室认证排放与实际使用排放的差距，并且为油耗和排放的协调管控奠定了基础；二是引入了实际行驶排放测试(RDE)，改善了车辆在实际使用状态下的排放控制水平，利于监管，能够有效防止实际排放超标的作弊行为；三是采用燃料中立原则，对汽油车的氮氧化物和柴油车的颗粒物不再设立较松限值；四是全面强化对VOCs(挥发性有机物)的排放控制，引入48h蒸发排放试验及加油过程VOCs排放试验，将蒸发排放控制水平提高到90%以上；五是完善车辆诊断系统要求，增加永久故障代码存储要求及防篡改措施，有效防止车辆在使用过程中超标排放；六是简化主管部门进行环保一致性和在用符合性监督检查的规则和判定方法，使操作更具有可实施性。

4)国六排放标准和国五排放标准的区别

表7-1所列为国五排放标准和国六排放标准排放限值的对比。由表7-1可以看出，国六a排放标准和国五排放标准在排放限值方面的最大差异有两点：一是国六a排放标准中将一氧化碳的排放限值由1000mg/km降低到了700mg/km；二是国五排放标准中没有PN细颗粒物的排放限值要求，而在国六a排放标准中增加了PN细颗粒物的排放限值要求。而国六b排放标准不仅又将一氧化碳的排放限值由国六a排放标准的700mg/km加严到了500mg/km，而且非甲烷烃、氮氧化合物、

PM 细颗粒物的排放限值均较国五排放标准和国六 a 排放标准大幅加严。

国五排放标准和国六排放标准排放限值的对比(单位:mg/km)

表 7-1

排放物	一氧化碳	非甲烷烃	氮氧化合物	PM 细颗粒物	PN 细颗粒物
国五排放标准	1000	68	60	4.5	—
国六 a 排放标准	700	68	60	4.5	6×10^{-11}
国六 b 排放标准	500	35	35	3	6×10^{-11}

更高要求的排放规范,是要求汽车生产企业在相关配件上进行升级。对于汽油车来说,除了要升级车载自诊断(On-Board Diagnostics,OBD)系统和三元催化转换器外,还要增加颗粒捕集器才能满足国六排放标准的要求。而对于柴油车而言,则需要配备四大装置,用 DOC(氧化催化转换器,只将排气中的 CO 和 HC 氧化为 CO_2 和 H_2O,因此也称二元催化转换器,但必须向氧化催化转换器供给二次空气作为氧化剂,才能使其有效地工作;DOC 能较大程度降低烟度、CO、HC 的排放,但对 NO_x 的排放影响较小)对付一氧化碳,用 DPF(柴油机颗粒捕集器)捕捉颗粒物,用尿素 + SCR(选择性催化还原装置,其原理是在含有 NO_x 的尾气中喷入氨、尿素或者其他含氮化合物,使其中的 NO_x 还原成 N_2 和水。还原反应在较高的温度范围内进行时,不需要催化剂,成为选择性非催化还原 SNCR;还原反应在较低的温度范围内进行时,需要催化剂,称为选择性催化还原 SCR)对付氮氧化合物,用 ASC(氨逃逸催化器,安装在 SCR 的后端,通过催化氧化作用降低 SCR 后端排气中泄漏出的氨的装置)防止氨气泄漏。

由表 7-1 可以看出,国六排放标准污染物控制项目新增了 PN 细颗粒物(颗粒物的粒子数量)的测量和限值要求。对颗粒物的粒子数量加以控制,是为了更有效地控制颗粒排放。目前,汽车颗粒物排放控制技术主要有分流式过滤器、壁流式颗粒捕集器等。颗粒氧化型催化器(POC)是常用的分流式过滤器,也是目前国内企业较为普遍应用的技术,该技术能在一定程度上减少颗粒物的质量,但同时有可能使细微粒子的排放数量增加,这对人体健康和空气质量都是极为不利的。壁流式颗粒捕集器可以解决分流式过滤器存在的问题,对颗粒物质量和数量均能有效削减。因此,增加粒子数量的要求将引导企业在技术路线上从分流式过滤器转向壁流式颗粒捕集器,以便更为有效地控制颗粒物排放。

5)国六排放标准的实施

为保证汽车行业有足够的准备周期来进行相关车型和动力系统变更升级及车型开放和生产准备,轻型汽车国六排放标准采用分步实施的方式,设置国六 a 和国六 b 两个排放限值方案,分别于 2020 年 7 月 1 日和 2023 年 7 月 1 日起实施。同时,对大气环境管理有特殊需求的重点区域可提前实施国六排放限值。

根据规定,国六排放标准分为 a、b 两个阶段,自 2020 年 7 月 1 日起,所有销售和注册登记的轻型汽车应符合国六 a 排放标准的要求,2023 年 7 月 1 日起,所有销售和注册登记的轻型汽车应符合国六 b 排放标准的要求。其中,国六 a 排放标准只能算是一个过渡阶段,而国六 b 排放标准才是真正的国六排放标准。

6)国六排放标准实施的影响分析

(1)国六排放标准的实施,不影响国五排放标准车辆的正常使用。排放标准主要是针对汽车制造企业的,而非已经上路行驶的汽车。根据规定,实施国六排放标准的地区,国五排放标准的车将停产,并且不能销售和上牌,并未规定限制符合其他排放标准的汽车上路行驶。

(2)国五排放标准的车保值性变差。排放标准的逐步升级,相比国六排放标准的车而言,国五排放标准的车将面临限行或变相淘汰,国五排放标准车辆的保值率低于国六排放标准车辆已毋庸置疑。

(3)未销售掉的国五排放标准车辆的处理。国六排放标准执行前夕,汽车经销商、供应商均会加快国五排放标准车辆的销售进程。目前已经有很多厂家都推出了销售优惠政策以加快销售进程。各地执行国六排放标准的时间不完全相同,最迟执行国六排放标准的时间是 2023 年 7 月 1 日,这就说明汽车制造企业和汽车经销商还有一定时间清理库存。

3 汽车排放污染物检测仪结构与工作原理

汽车排气中有害成分的含量是通过专用的汽车排气分析仪器进行测定的。目前,在汽车排气分析仪中,测定汽油车的有非分散型红外线分析仪、氢火焰离子型分析仪、化学发光分析仪等;测定柴油车的有滤纸式烟度计、消光式烟度计等。汽车综合性能检测站多采用非分散型红外线分析仪和滤纸式烟度计来测量汽车排气污染物的排放状况。

1)非分散型红外线分析仪的结构与原理

该分析仪从汽车排气管内收集汽车的尾气,并对气体中所含有的 CO 和 HC 的浓度进行连续测定。它主要由尾气采集部分和尾气分析部分构成。

（1）尾气采集部分。如图 7-1 所示，非分散型红外线分析仪由探测头、过滤器、导管、水分离器和泵等构成，用探测头、导管、泵从排气管采集尾气。排气中的粉尘和炭粒用过滤器滤除，水分由水分离器分离出去。最后，将气体成分输送到分析部分。

图 7-1　非分散型红外线分析仪结构示意图

（2）尾气污染物的分析部分。分析仪的测量原理是建立在一种气体只能吸收其独特波长的红外线特性基础上的，即基于大多数非对称分子对红外线波段中一定波长具有吸收功能，而且其吸收程度与被测气体的浓度有关，比如，CO 能够吸收波长为 $4.55\,\mu m$ 的红外线，CH_4 能吸收波长为 $2.3\,\mu m$、$3.4\,\mu m$ 和 $7.6\,\mu m$ 的红外线。

电容微音器式分析仪由红外线光源、测量室（测定室、比较室）、回转扇片和检测器组成。从采集部分输送来的多种气体共存在尾气中，通过非分散型红外线分析部分分析测定气体（CO、HC）的浓度，用电信号将其输送到浓度指示部分。电容微音器式分析仪的工作原理如图 7-2 所示，两个红外线光源发出两组分开的射线，这些射线被两旋转扇片同相地遮断，从而形成射线脉冲，射线脉冲经滤清室、测量室进入检测室，测量室由两

图 7-2　电容微音器式分析仪

个腔室组成，一个是比较室，另一个是测定室。比较室中充有不吸收红外线的 N_2，使射线能顺利通过。测定室中连续填充被测试的尾气，尾气中 CO 含量越高，被吸收的红外线就越多。检测室由容积相等的左右两个腔室组成，其间用一金

属膜片隔开,两室中充有同摩尔数的 CO。由于射到检测室左室的红外线在通过测定室时,一部分射线已被排气中的 CO 吸收,而通过比较室到达检测室右室的红外线并未减少,这样检测室左右两室吸收的红外线能量不同,从而产生了温差,温度的差异导致了压力差的存在,使作为电容器一个表面的金属膜片弯曲,弯曲振动的频率与旋转扇片的旋转频率相符。排气中的 CO 浓度越大,振幅就越大。膜片振动使电容改变,电容的改变引起电压的变化,从而产生交变电压。交变电压经放大,整流成直流信号,变为被测成分浓度的函数,因此可用仪表测量。而 HC(正己烷)由于受到其他共存气体的影响,所以使用固体滤光片,巧妙地利用了 HC(正己烷)红外线吸收光谱。因此,样品室内共存的 CO、CO_2、NO_x 等 HC(正己烷)以外的气体所产生的红外线被吸收,再经检测器窗口的选择和除去,仅让具有 HC(正己烷)3.5μm 附近波长的气体到达检测室内。HC(正己烷)被封入检测器,样品室中的 HC(正己烷)吸收量也就被检测器检测出来。

2)四气体与五气体分析仪简介

目前实施的怠速工况测定 CO、HC 两气体的排气检测手段,已无法有效反映汽车排气中的 NO_x 和 CO_2 含量,而四气体与五气体分析仪可满足测量要求。四气体与五气体分析仪的区别在于五气体分析仪可检测氮氧化合物(NO_x)。

利用五气体分析仪测定时,CO、CO_2、HC 通过非分散红外线不同波长能量吸收的原理来测定,可获得足够的测试精度;NO_x 与 O_2 的浓度采用氧传感器和一氧化氮传感器测定。

氧传感器,其基本形式是由一个电解质阳极和一个空气阴极组成的金属-空气有限度渗透型电化学电池。氧传感器电流是一个电流发生器,其所产生的电流与氧的消耗率成正比,此电流可通过在输出端子跨接一个电阻以产生一个电信号。如果通入传感器的氧只是被有限度地渗透,就可利用上述信号测出氧的浓度。

在汽车废气检测方面应用的氧电池,使用一种塑料膜作为渗透膜,其渗透量受控于气体分子撞击膜壁上的微孔,如果气体压力增加,则分子的渗透率增加。因此,输出的结果直接与氧的分压成正比,且在整个浓度范围内呈线性响应。

由氧传感器输出的信号经放大后,送至仪器的数据处理系统的模/数(A/D)输入端,进行数字处理及显示。

NO 传感器是基于 O_2 传感器基础上发展起来的电化学电池式传感器。

3)柴油车烟度计结构与检测原理

(1)滤纸式烟度计的结构与原理。从测量原理上来说,滤纸式烟度计是一种非直接测量的计量仪器,它通过检测测量介质被所测量烟度污染的程度大小来间接得出烟度的大小。在规定时间中,仪器的取样系统通过抽气泵、取样探头从柴油车的排气管内抽取规定容积废气,经过测量介质(测试过滤纸)过滤,废气中的炭粒附着在过滤纸上,形成一个规定面积的烟斑,然后通过测量系统的光电测量探头对烟斑的污染程度进行测量,转化为电信号,经过放大、处理,再将测试结果通过显示装置显示出来。

滤纸式烟度计的总体结构示意图如图7-3所示,它由采样器和检测器组成。其中,采样抽气系统由抽气气缸、抽气电动机、取样探头以及气路管道系统和控制电路组成。采样时,在控制电路的控制下,电动机带动气缸运动,气缸通过气路管道系统,取样枪从柴油车的排气管内抽取规定体积的废气,并通过测试过滤纸过滤,完成采样过程。

图7-3 滤纸式烟度计总体结构示意图

测量系统主要由走纸机构、压纸机构、光电测量探头以及测量电路和结果显示电路组成。测量时压纸机构张开,走纸电动机带动走纸机构,将被采样系统污染后的测试过滤纸带到光电测量探头下,光电测量探头对其进行测量,通过其内部的测量装置(图7-4所示的光电管)将滤纸污染程度转化为电信号,经过测量电路放大、处理,最后通过显示电路在数字表上将测量结果显示出来。

(2)不透光度计的结构与原理。不透光度计(又称消光式烟度计、透射式烟度计)是利用透光衰减率来测量排气烟度的典型仪器。其原理是使光束通过一段给定长度的排烟管,通过测量排烟对光的吸收程度

图7-4 检测系统

来决定排烟对环境的污染程度,是一种直接测量的计量仪器。

如图 7-5 所示,测量单元的测量室是一根分为左右两半部分的圆管,被测排气从中间的入口进入,分别穿过左圆管和右圆管,从左出口和右出口排出。透镜装在左出口的左边,反射镜装在右出口的右边。在透镜的左侧是一个放置成 45°的半反射半透射镜,它的下方是绿色发光二极管,左边是光电转换器,发光二极管及光电转换器到透镜的光程都等于透镜的焦距,因此,发光二极管发出的光经过半反射镜的反射,再通过透镜后就成为一束平行光。平行光从测量室的左出口进入,穿过左右圆管(测量室)中的烟气从右出口射出,被反射镜反射后折返,从测量室的右出口重新进入测量室,再次穿过烟气从左出口射出。射出的平行光经过透镜,穿过半透射镜,聚焦在光电转换器上,并转换成电信号。排气中含烟越多,平行光穿过测量室的光能衰减越大,经光电转换器转换的光电信号就越弱。

图 7-5　不透光度计的测量原理

三、任务实施

自 2019 年 5 月 1 日后,我国检测站对在用汽车排放污染物检测实施的国家标准主要有《汽油车污染物排放限值及测量方法(双怠速法及简易工况法)》(GB 18285—2018)和《柴油车污染物排放限值及测量方法(自由加速法及加载减速法)》(GB 3847—2018)。

1 汽油机排气污染物限值及检测方法

1)排放限值

(1)新生产汽车下线。

生产企业可以选择采用稳态工况法、瞬态工况法以及简易工况法中的任意一种方法(对无法手动切换两驱驱动模式的全时四驱车和适时四驱等车辆可以采用双怠速法)进行检测。排放结果不得超过稳态工况法、瞬态工况法以及简易工况法规定的排放限值。生产企业也可采用其他方法进行排放检测,但应证明其等效性。单一燃料汽车,仅按燃用单一燃料进行排放检测;两用燃料汽车,要求使用两种燃料分别进行排放检测。新定型混合动力电动汽车污染物测试应在最大燃料消耗模式下进行,车辆应具备明显可见的最大燃料消耗模式切换开关,方便切换为最大燃料消耗模式,并能在最大燃料消耗模式下正常运行(包括怠速),便于进行排放测试,且开关位置应在汽车使用说明书中明确说明。

(2)注册登记和在用汽车。

①一般规定。

单一燃料汽车,仅按燃用单一燃料进行排放检测;两用燃料汽车,要求使用两种燃料分别进行排放检测。有手动选择行驶模式功能的混合动力电动汽车应切换到最大燃料消耗模式进行测试,如无最大燃料消耗模式,则应切换到混合动力模式进行测试。若测试过程中发动机自动熄火,则自动切换到纯电模式,无须中止测试,可进行至测试结束。

②双怠速法检验排放污染物限值。

双怠速法检验排放污染物排放限值见表7-2。

双怠速法检验排放污染物排放限值 表7-2

类 别	怠 速		高 怠 速	
	CO(%)	HC(×10⁻⁶)	CO(%)	HC(×10⁻⁶)
限值 a	0.6	80	0.3	50
限值 b	0.4	40	0.3	30

注:对以天然气为燃料的点燃式发动机汽车,HC检验为推荐性要求。

在进行排放污染物检验的同时,应进行过量空气系数(λ)的测定。发动机在高怠速转速工况时,λ值应为 1.00 ± 0.05,或者在制造厂规定的范围内。

③稳态工况法检验排放污染物排放限值。

稳态工况法检验排放污染物排放限值见表7-3。

稳态工况法检验排放污染物排放限值　　　　　表 7-3

类　　　别	怠　　速			高　怠　速		
	CO （%）	HC （×10⁻⁶）	NO （×10⁻⁶）	CO （%）	HC （×10⁻⁶）	NO （×10⁻⁶）
限值 a	0.50	90	700	0.40	80	650
限值 b	0.35	47	420	0.30	44	390

注：对于装用以天然气为燃料的点燃式发动机汽车，HC 检验为推荐性要求。

在进行排放污染物检验的同时，应进行过量空气系数（λ）的测定。

④瞬态工况法检验排放污染物排放限值。

瞬态工况法检验排放污染物排放限值见表 7-4。

瞬态工况法检验排放污染物排放限值（单位：g/km）　　表 7-4

类　　　别	CO	HC + NO$_x$
限值 a	1.5	3.5
限值 b	2.8	1.2

在进行排放污染物检验的同时，应进行过量空气系数（λ）的测定。

⑤简易瞬态工况法检验排放污染物排放限值。

简易瞬态工况法检验排放污染物排放限值见表 7-5。

瞬态工况法检验排放污染物排放限值（单位：g/km）　　表 7-5

类　　　别	CO	HC	NO$_x$
限值 a	8.0	1.6	1.3
限值 b	5.0	1.0	0.7

2）测量程序

（1）双怠速法。

双怠速法测量程序如图 7-6 所示。

①应保证被检测车辆处于制造厂规定的正常状态，发动机进气系统应装有空气滤清器，排气系统应装有排气消声器和排气后处理装置，排气系统不允许有泄漏。

②进行排放测量时，发动机冷却液或润滑油温度应不低于80℃，或者达到汽车使用说明书规定的热状态。

```
        ┌─────────────┐
        │    登录     │◄──────────────────────┐
        └─────────────┘                        │
               │                               │
               ▼                               │
        ┌─────────────┐                        │
        │   油温测量   │◄──────────────┐        │
        └─────────────┘                │        │
               │                       │        │
               ▼              否        │        │
        ╱───────────╲      ┌─────────────┐      │
       ╱  油温>80℃   ╲────►│  车辆调整   │      │
        ╲───────────╱      └─────────────┘      │
               │是                               │
               ▼                                 │
        ┌─────────────┐                          │
        │  高怠速测量  │                          │
        └─────────────┘                          │
               │                                 │
               ▼                     ┌─────────────┐
        ╱───────────╲                │    维修     │
       ╱ 测量值>限值  ╲───────┐       └─────────────┘
        ╲───────────╱        │              ▲
               │否            │              │
               ▼             是              │
        ┌─────────────┐       │              │
        │   怠速测量   │       │              │
        └─────────────┘       │              │
               │              │              │
               ▼              │              │
        ╱───────────╲         │              │
       ╱ 测量值>限值  ╲──┐     │              │
        ╲───────────╱   │     │              │
               │否      是     │              │
               ▼        │     ▼              │
        ┌─────────┐   ┌─────────────┐        │
        │  合格   │   │   不合格    │────────┘
        └─────────┘   └─────────────┘
               │          │
               └────┬─────┘
                    ▼
            ┌─────────────┐
            │  检测结束   │
            └─────────────┘
```

图 7-6　双怠速法测量程序

③发动机从怠速状态加速至 70% 额定转速或企业规定的暖机转速,运转 30s 后降至高怠速状态。将双怠速法排放测试仪取样探头插入排气管中,深度不少于 400mm,并固定在排气管上。维持 15s 后,由具有平均值计算功能的双怠速法

排放测试仪读取30s内的平均值,该值即为高怠速污染物测量结果。对使用闭环控制电子燃油喷射系统和三元催化转换器技术的汽车,还应同时计算过量空气系数(λ)的数值。

④发动机从高怠速降至怠速状态15s后,由具有平均值计算功能的双怠速法排放测试仪读取30s内的平均值,该值即为怠速污染物测量结果。

⑤在测试过程中,如果任何时刻CO与CO_2的浓度之和小于6%,或者发动机熄火,应终止测试,排放测量结果无效,需重新进行测试。

⑥对多排气管车辆,应取各排气管测量结果的算术平均值作为测量结果。

⑦若由于车辆排气系统设计导致的车辆排气管长度小于测量深度时,应使用排气延长管。

(2)稳态工况法。

在底盘测功机上的测试运转循环由ASM5025和ASM2540两个工况组成,如图7-7、表7-6所示。

图7-7 稳态工况法(ASM)试验运转循环

稳态工况法(ASM)试验运转循环表 表7-6

工 况	运 转 次 序	速度(km/h)	操作时间(s)	测试时间(s)
ASM5025	1	0～25	—	—
	2	25	5	
	3	25	10	90
	4	25	10	
	5	25	70	

续上表

工　况	运转次序	速度(km/h)	操作时间(s)	测试时间(s)
ASM2540	6	25~40	—	—
	7	40	5	
	8	40	10	90
	9	40	10	
	10	40	70	

①车辆驱动轮置于测功机滚筒上,将排气分析仪取样探头插入排气管中,插入深度至少为400mm,并固定于排气管上。对独立工作的多排气管,应同时取样。

②ASM5025工况车辆经预热后,加速至25km/h,测功机根据车辆基准质量自动进行加载,驾驶人控制车辆保持在(25 ± 2.0)km/h等速运转,维持5s后,系统自动开始记时 $t = 0$s。如果测功机的速度或者转矩,连续2s或者累计5s超出速度或者转矩允许波动范围(实际转矩波动范围不容许超过设定值的 $\pm 5\%$),工况计时器置零,重新开始计时。ASM5025工况时间长度不应超过90s($t = 90$s),ASM5025整个测试工况最大时长不能超过145s。ASM5025工况记时开始10s后($t = 10$s),开始进入快速检查工况,排气分析仪器开始采样,每秒测量一次,并根据稀释修正系数和湿度修正系数计算10s内的排放平均值,运行10s($t = 20$s)后,ASM5025快速检查工况结束,进行快速检查判定。如果被检车辆没有通过快速检查,则车辆继续运行至计时器 $t = 90$s,ASM5025工况结束,其间车速应控制在(25.0 ± 2.0)km/h内。在0~90s的测量过程中,如果任意连续10s内第1~10s的车速变化相对于第1s小于 ± 1.0km/h,则测试结果有效。快速检查工况10s内的排放平均值,经修正后如果等于或低于排放限值的50%,则测试合格,排放检测结束,输出检测结果报告;否则应继续进行,完成整个ASM5025工况。如果所有检测污染物连续10s的平均值经修正后均不大于标准规定的限值,则该车应被判定为ASM5025工况合格,排放检验合格,打印检验合格报告。如任何一种污染物连续10s的平均值修正后超过限值,则应继续进行ASM2540工况检测;在检测过程中如果任意连续10s内的任何一种污染物10s排放平均值经修正后均高于限值的500%,则测试不合格,输出检测结果报告,检测结束。

在上述任何情况下,检验报告单上输出的测试结果数据均为测试结果的最后10s内经修正后的平均值。

③ASM2540 工况。ASM5025 工况排放检验不合格的车辆,需要继续进行 ASM2540 工况排放检验。被检验车辆在 ASM5025 工况结束后应立即加速运行至 40.0km/h,测功机根据车辆基准质量自动加载,车辆保持在(40 ± 2.0)km/h 范围内等速运转,维持5s后开始记时($t=0s$)。如果测功机的速度或者转矩,连续2s 或者累计5s,超出速度或者转矩允许波动范围(实际转矩波动范围不容许超过设定值的 ± 5%),工况计时器置零,重新开始计时。ASM2540 工况时间长度不应超过90s($t=90s$),ASM2540 整个测试工况最大时长不能超过145s。

ASM2540 工况记时 10s 后($t=10s$),开始进入快速检查工况,计时器为$t=$10,排气分析仪器开始测量,每秒测量一次,并根据稀释修正系数及湿度修正系数计算 10s 内的排放平均值,运行 10s($t=20s$)后,ASM2540 快速检查工况结束,进行快速检查判定。如果没有通过快速检查,则车辆继续运行至90s($t=90s$),ASM2540 工况结束,期间车速应控制在(40.0 ± 2.0)km/h 内。

在 0 ~ 90s 的测量过程中,任意连续 10s 内第 1 ~ 10s 的车速变化相对于第1s 小于 ± 1.0km/h,则测试结果有效。快速检查工况 10s 内的排放平均值经修正后如果不大于限值的 50%,则测试合格,排放检测结束,输出检测结果报告;否则应继续进行至90s工况。如果所有检测污染物连续 10s 的平均值经修正后均低于或等于标准规定的限值,则该车应判定为排放检验合格,排放检测结束,输出排放检验合格报告。如任何一种污染物连续 10s 的平均值经修正后超过限值,则车辆排放测试结果不合格,继续进行到本工况检测结束,输出不合格检验报告。在检测过程中,如果任意连续 10s 内的任何一种污染物 10s 排放平均值经修正后均高于限值的 500%,测试不合格,检测结束。

在上述任何情况下,检验报告单上输出的测试结果数据均为测试结果的最后 10s 内经过修正的平均值。

3)结果判定

(1)如果检测结果中任何一项污染物不满足限值要求,则判定车辆排放检验不合格。

(2)如果双怠速法过量空气系数 λ 超出所要求的控制范围,也判定车辆排放检验结果不合格。

(3)2011 年7月1日以后生产的轻型汽车,以及 2013 年7月1日以后生产的重型汽车,如果车载自诊断(OBD)系统检查不合格,判定排放检验结果不合格。

(4)检验完毕后,应签发机动车环保检验报告。

(5)排放检验过程中,禁止使用降低排放控制装置功效的失效策略,所有针对污染控制装置的篡改都属于排放检验不合格。

2 柴油机排气污染物限值及检测方法

1）排放限值及测量方法

（1）新生产汽车下线。

按照规定进行下线车辆排放抽测，排放结果应小于规定的排放限值。生产企业也可采用其他方法进行排放检测，但应证明其等效性。新定型混合动力电动汽车污染物测试应在最大燃料模式下进行，车辆应具备明显可见的最大燃料消耗模式切换开关，方便切换为最大燃料消耗模式，并能在最大燃料消耗模式下正常运行（包括怠速），便于进行排放测试，且开关位置应在汽车使用说明书中明确说明。

（2）注册登记和在用汽车。

有手动选择行驶模式功能的混合动力电动汽车应切换到最大燃料消耗模式进行测试，如无最大燃料消耗模式，则切换至混合动力模式进行测试，在测试时若发动机自动熄火则自动切换到纯电模式，无须中止测试，可进行至测试结束。应按照规定的方法进行检测，其检测结果应小于表7-7规定的排放限值。

在用汽车和注册登记污染物排放检验排放限值　　表7-7

类别	自 由 加 速	加载减速法		林格曼黑度法
	光 吸 收 系 数 (m^{-1}) 或不透光度（%）	光 吸 收 系 数 (m^{-1}) 或不透光度（%）[1]	氮 氧 化 物 $(\times 10^{-6})$[2]	林格曼黑度（级）
限值a				
限值b	1.2（40）	1.2（40）	1500	1
	0.7（26）	0.7（26）	900	

注：1. 海拔高度高于1500m的地区，加载减速法可以按照每增加1000m增加
　　$0.25m^{-1}$ 幅度调整，总调整不得超过 $0.75m^{-1}$。

　　2. 2020年7月1日前限值b过渡限值为 1200×10^{-6}。

2）自由加速法

（1）车辆准备。

①车辆在不进行预处理的情况下也可以进行自由加速烟度试验。但出于安全考虑，试验前应确保发动机处于热状态，并且机械状态良好。

②发动机应充分预热，例如，在发动机机油标尺孔位置测得的机油温度至少

为80℃。如果由于车辆结构限制无法进行温度测量,可以通过其他方法判断发动机温度是否处于正常运转温度范围内。

③在正式进行排放测量前,应采用三次自由加速过程或其他等效方法吹拂排气系统,以清扫排气系统中的残留污染物。

(2)试验方法。

①通过目测进行车辆排气系统相关部件泄漏检查。

②发动机(包括废气涡轮增压发动机)在每个自由加速循环的开始点均处于怠速状态,对重型车用发动机,将加速踏板放开后至少等待10s。

③在进行自由加速测量时,必须在1s的时间内,将加速踏板连续完全踩到底,使供油系统在最短时间内达到最大供油量。

④对每个自由加速测量,在松开加速踏板前,发动机必须达到断油转速。对使用自动变速器的车辆,应达到发动机额定转速(如果无法达到,不应小于额定转速的2/3)。在测量过程中,应监测发动机转速检查是否符合试验要求(特殊无法测得发动机转速的车辆除外),并将发动机转速数据实时记录并上报。

⑤检测结果取最后三次自由加速烟度测量结果的算术平均值。

3)加载减速法

(1)车辆准备。

①对车辆及发动机的要求。

试验前应该对车辆的技术状况进行检查,以确定待检车辆是否能够进行后续的排放检测。待检车辆放在底盘测功机上,按照规定的加载减速检测程序,检测最大轮边功率和相对应的发动机转速和转鼓表面线速度(VelMaxHP),并检测VelMaxHP点和80% VelMaxHP点的排气光吸收系数 k 及80% VelMaxHP点的氮氧化物。排气光吸收系数检测应采用分流式不透光烟度计。在加载减速过程中,经修正的轮边功率测量结果不得低于制造厂规定的发动机额定功率的40%,否则判定为检验结果不合格。

②试验用燃料。

被测试车辆应采用符合国家标准的市售车用柴油,实际测试时,不应更换油箱中的燃料。

③车辆预检要求。

在预检查时,如果发现受检车辆的车况太差,不适合进行加载减速法检测,应对车辆进行维修后才能进行检测。

对紧密型多驱动轴车辆,或全时四轮驱动车辆等不能按加载减速法进行试验的车辆,可按自由加速法进行检测,其他装用压燃式发动机的在用汽车应按标准进行排放检测。

检测过程中如果发动机出现故障,使检测工作中止时,必须待排除故障后重新进行排放检测。

(2)试验程序。

排放检测由三部分组成:第一部分是对车辆进行预先检查,以检查受检车辆身份与车辆行驶证是否一致,以及进行排放检测的安全性;第二部分是检查检测系统和车辆状况是否适合进行检测;第三部分则是进行排放检测,由主控计算机系统控制自动进行排放检测,以保证检测过程的一致性和检测结果的可靠性。每条检测线至少应设置三个岗位,即计算机操作岗位、受检车辆驾驶人岗位、辅助检查岗位,各岗位人员均应随时注意受检车辆在检测过程中是否出现异常情况。

①预先检查。

待检车辆完成检测登记后,检测驾驶人应将车辆驾驶到底盘测功机前等待检测,并进行车辆的预先检查。预先检查的目的是核实受检车辆和车辆行驶证是否相符,并评价车辆的状况是否能够进行加载减速检测,按规定的程序进行预先检查。

在将车辆驾驶上底盘测功机前,检测员还应对受检车辆进行以下调整:

a.中断车上所有主动型制动功能和转矩控制功能(自动缓速器除外),例如中断防抱死制动系统(ABS)、电子稳定程序(ESP)等。对无法中断车上主动型制动功能和转矩控制功能的车辆,可采用自由加速法进行排放检测。

b.关闭车上所有以发动机为动力的附加设备,如空调装置,并切断其动力传递机构(如果适用)。

c.除检测驾驶人外,受检车辆不能载客,也不能装载货物,不得有附加的动力装置。必要时,可以用测试驱动桥质量的方法来判断底盘测功机是否能够承受待检车辆驱动桥的质量。

在检测准备工作中,应特别注意以下事项:

a.对非全时四轮驱动车辆,应根据车辆的驱动类型选择驱动方式。

b.对紧密型多驱动轴的车辆,或全时四轮驱动车辆等,不能进行加载减速检测,应进行自由加速排放检测。

c.预检不合格或者存在故障的车辆,维修合格后才能进行检测。

②检测系统检查。

检测系统检查的目的是判断底盘测功机是否能够满足待检车辆的功率要

求,同时检查检测系统的工作状态是否正常。

如果待检车辆通过了预先检查规定的预检程序,检测员应按以下步骤将待检车辆驾驶到底盘测功机上。

a.举起测功机升降板,并检查是否已将转鼓牢固锁好。

b.小心地将车辆驾驶到底盘测功机上,并将驱动轮置于转鼓中央位置。

注意:除测功机允许双向操作外,一定要按测功机的规定方向驶入,否则有可能损坏底盘测功机。当驱动轮位于转鼓鼓面上时,严禁使用倒车挡。

c.放下测功机升降板,松开转鼓制动器。待完全放下升降板后,缓慢驾驶使受检车辆的车轮与试验转鼓完全吻合。

d.轻踩制动踏板使车轮停止转动,发动机熄火。

e.按照测功机设备商的建议将受检车辆的非驱动轮楔住,固定车辆安全限位装置。对前轮驱动的车辆,应有防侧滑措施。

f.应为受检车辆配备辅助冷却风扇,掀开汽车的动力舱盖板,保证冷却空气流通顺畅,以防止发动机过热。

③试验准备。

安装好发动机转速传感器,测量发动机曲轴转速。

选择合适的挡位,使加速踏板在最大位置时,受检车辆的最高车速接近70km/h。由主控计算机判断测功机是否能够吸收受检车辆的最大功率,如果车辆的最大功率超过了测功机的功率吸收范围,则不能在该测功机上进行加载减速检测。

(3)排气试验。

如果受检车辆顺利通过了上述规定的检测,应继续进行下述加载减速检测。

①试验前的最后检查和准备。

a.在开始检测以前,检测员应检查通信系统工作是否正常。

b.在车辆散热器前方1m左右处放置强制冷却风机,以保证车辆在检测过程中发动机冷却系统能有效地工作。

c.除检测员外,在检测过程中,其他人员不得在测试现场逗留。车辆安置到位,将测功机举升机放下后,应对车辆进行低速运行检测,确保车辆运行处于稳定状态。发动机应充分预热,例如在发动机机油标尺孔位置测得的机油温度应至少为80℃;因车辆结构无法进行温度测量时,可以通过其他方法使发动机处于正常运转温度。若传动系统处于冷车状态,应在测功机无加载状态下低中速运行车辆,使车辆的传动部件达到正常工作温度。

d. 发动机熄火,变速器置于空挡,将不透光烟度计的采样探头置于大气中,检查不透光烟度计的零刻度和满刻度。检查完毕后,将采样探头插入受检车辆的排气管中,注意连接好不透光烟度计,采样探头的插入深度不得低于400mm。不应使用尺寸太大的采样探头,以免对受检车辆的排气背压影响过大,影响输出功率。在检测过程中,应将采样气体的温度和压力控制在规定的范围内,必要时可对采样管进行适当冷却,但要注意不能使测量室内出现冷凝现象。

②试验步骤。

正式检测开始前,检测员应按以下步骤操作,以使控制系统能够获得自动检测所需的初始数据。

a. 起动发动机,变速器置于空挡,逐渐加大加速踏板开度直到达到最大,并保持在最大开度状态,记录这时发动机的最大转速。然后松开加速踏板,使发动机回到怠速状态。

b. 使用前进挡驱动被检车辆,选择合适的挡位,使加速踏板处于全开位置时,测功机指示的车速接近70km/h,但不能超过100km/h。对装有自动变速器的车辆,应注意不要在超速挡下进行测量。

计算机对按上述步骤获得的数据自动进行分析,判断是否可以继续进行后续的检测,被判定为不适合检测的车辆不允许进行加载减速检测。

在确认车辆可以进行排放检测后,将底盘测功机切换到自动检测状态。

a. 加载减速测试的过程必须完全自动化。在整个检测循环中,均由计算机控制系统自动完成对测功机加载减速过程的控制。

b. 自动控制系统采集两组检测状态下的检测数据,以判定受检车辆的排气光吸收系数 k 和 NO_x 是否达标,两组数据分别在 VelMaxHP 点和 80% VelMaxHP 点获得。

c. 上述两组检测数据包括轮边功率、发动机转速、排气光吸收系数 k 和 NO_x,必须将不同工况点的测量结果都与排放限值进行比较。若测得的排气光吸收系数 k 或 NO_x,超过了标准规定的限值,均判断该车的污染物排放不合格。

检测开始后,检测员应始终将加速踏板保持在最大开度状态,直到检测系统通知松开加速踏板为止。在试验过程中,检测员应实时监控发动机冷却液温度和机油压力。一旦冷却液温度超出了规定的温度范围,或者机油压力偏低,都必须立即暂时停止检测。冷却液温度过高时,检测员应松开加速踏板,将变速器置于空挡,使车辆停止运转。然后使发动机在怠速工况下运转,直到冷却液温度重新恢复到正常范围为止。

检测过程中,检测员应时刻注意受检车辆或检测系统的工作情况。

检测结束后,打印检测报告并存档。

4)林格曼烟度法

把林格曼烟气黑度图放在适当的位置上,将柴油车排气的烟度与图上的黑度相比较,确定柴油车排气烟羽的黑度。

(1)仪器和设备。

试验所需仪器和设备有:规定的林格曼烟气黑度图;计时器(秒表或手表),精度为1s;烟气黑度图支架;风向、风速测定仪。

(2)检测步骤。

①观测位置和条件。

a. 应在白天进行观测,观测人员与柴油车排气口的距离应足以保证对排气情况清晰地观察。林格曼烟气黑度图安置在固定支架上,图片面向观测人员,尽可能使图片位于观测人员至排气口端部的连线上,并使图与排气有相似的天空背景。图距观测人员应有足够的距离,以使图上的线条看起来融合在一起,从而使每个方块有均匀的黑度。

b. 观测人员的视线应尽量与排气烟羽飘动的方向垂直。观察排气烟羽的仰视角不应太大,一般情况下不宜大于45°,尽量避免在过于陡峭的角度下观察。

c. 观察排气烟羽黑度力求在比较均匀的光照下进行。如果在太阳光照射下观察,应尽量使照射光线与视线成直角,光线不应来自观测人员的前方或后方。雨雪天、雾天及风速大于4.5m/s时不应进行观察。

②观测方法。

a. 观察排气烟羽的部位应选择在排气黑度最大的地方。观察时,观测人员连续观测排气黑度,将排气的黑度与林格曼烟气黑度图进行比较,记下排气的林格曼级数最大值作为林格曼烟度值。如排气黑度处于两个林格曼级之间,可估计一个0.5级或0.25级林格曼级数。

b. 观察排气宜在比较均匀的天空照明下进行。如在阴天的情况下观察,由于天空背景较暗,在读数时应根据经验取稍偏低的级数(减去0.25级或0.5级)。

③记录。

a. 观测人员连续观测排气烟度,将排气的黑度与林格曼烟气黑度图进行比较,记下观测过程中排气的林格曼级数最大值作为林格曼烟度值。

b. 采用林格曼烟度测试仪观测排气烟度时,记录林格曼烟度测试仪的最大读数作为林格曼烟度值。

标准的林格曼烟气黑度图由 5 张不同黑度的图片组成,可以通过在白色背景上确定宽度的黑色线条和间隔的矩形网格来准确印制。每张图片中,网格所占的面积是 14cm×21cm,每个小格长 10mm、宽 10mm,每张图片上的网格由 294 个小格组成。林格曼黑度是根据黑色条格占整块面积的百分数来确定的,林格曼烟气黑度图级别如下。

林格曼黑度 0 级:全白。

林格曼黑度 1 级:每个小格长、宽均为 10mm,黑色线条宽 1mm,余下 9mm×9mm 面积的空白(黑色条格的面积占 20%),如图 7-8 所示。

林格曼黑度 2 级:每个小格长、宽均为 10mm,黑色线条宽 2.3mm,余下 7.7mm×7.7mm 面积的空白(黑色条格的面积占 40%),如图 7-9 所示。

图 7-8　林格曼黑度 1 级(黑色线条面积占总面积的 20%)　　图 7-9　林格曼黑度 2 级(黑色线条面积占总面积的 40%)

林格曼黑度 3 级:每个小格长、宽均为 10mm,黑色线条宽 3.7mm,余下 6.3mm×6.3mm 面积的空白(黑色条格的面积占 60%),如图 7-10 所示。

林格曼黑度 4 级:每个小格长、宽均为 10mm,黑色线条宽 5.5mm,余下 4.5mm×4.5mm 面积的空白(黑色条格的面积占 80%),如图 7-11 所示。

林格曼黑度 5 级:全黑。

图 7-10　林格曼黑度 3 级(黑色线条面积占总面积的 60%)　　图 7-11　林格曼黑度 4 级(黑色线条面积占总面积的 80%)

学习测试

一、填空题

（1）汽车的排放污染物主要包括＿＿＿＿＿＿、＿＿＿＿＿＿和＿＿＿＿＿＿等。

（2）对于柴油机排烟情况可进行人工检测，观测到排蓝烟说明＿＿＿＿＿＿。

（3）汽车排放污染物的主要来源有＿＿＿＿＿＿、＿＿＿＿＿＿和＿＿＿＿＿＿。

二、判断题

（1）汽车年检时，排放污染物的检测项目是CO、HC和NO_x。　　　（　　）

（2）年检时，柴油机烟度的测量是在怠速下测试的。　　　（　　）

（3）不论是汽油机和柴油机，废气中的NO_x都是在经济工况下浓度最大。

（　　）

（4）汽车急减速时的CO排放是各种速度工况中最严重的。　　　（　　）

三、选择题

（1）目前按照国家现行标准，在用汽油车的尾气标准按照（　　）方法检测。

　　A.双怠速法　　B.稳态工况法　　C.瞬态工况法　　D.简易工况法

（2）CO_2为无色无毒气体，对人体无直接危害，但大气中CO_2的大幅度增加，因其对红外热辐射的吸收而形成的（　　），会使全球气温上升、南北极冰层融化、海平面上升、大陆腹地沙漠趋势加剧，使人类和动植物赖以生存的生态环境遭到破坏。

　　A.化学反应　　　　　　　　B.温室效应

　　C.城市热岛效应　　　　　　D.厄尔尼诺

（3）稳态工况法是指车辆预热到规定的热状态后，加速至规定车速，根据车辆规定车速时的加速负荷，通过底盘测功机对车辆加载，使车辆保持等速运转的运行状态。进行ASM试验需要使用（　　）等设备。

　　A.底盘测功机和废气分析仪

　　B.发动机综合诊断仪和废气分析仪

　　C.五气体分析仪

　　D.示波器和废气分析仪

四、问答题

(1)汽车排放污染物中的主要有害成分是什么？危害现象如何？

(2)进行汽车排放污染物测试前,为什么要使发动机冷却液和润滑油温度达到汽车使用说明书所规定的热状态？

(3)双怠速法的测量步骤是什么？

(4)柴油机自由加速法的测试步骤是什么？

学习任务2　汽车噪声检测

学习目标

1. 了解汽车噪声的形成及控制;
2. 掌握汽车噪声的检测方法及检测标准;
3. 会用声级计检测汽车噪声。

一、任务分析

随着机动车向快速和大功率方向的发展,道路交通噪声已成为一些大城市的主要噪声源,特别是车辆的噪声,几乎占交通噪声的80%左右。车辆噪声的噪声源主要包括发动机噪声、底盘噪声、车厢振动噪声、货物撞击噪声、喇叭噪声和转向倒车噪声等。这些噪声源中,所发出的噪声程度绝大多数都与车辆的使用情况有关。当车辆加速行驶、减速制动、超速、超载和路面不平时,噪声会明显增加。

汽车噪声一般为中等强度的噪声,为 60 ~ 90dB(A)。如公共汽车的噪声为80dB(A)左右,摩托车的噪声比一般汽车高 10dB(A)左右。由于汽车噪声为游走性的,影响范围大,干扰时间长,因而受害人多。并且,随着工业和交通运输业的发展,这种影响会越来越严重。如美国整个环境噪声的响度每 10 年约增加一倍。我国不少城市的噪声也到了非治理不可的程度,特别是汽车噪声。所以,必须根据有关的标准对汽车噪声进行检测和控制。

二、相关知识

汽车噪声主要来源于发动机、传动系统、轮胎以及车身干扰空气声及喇叭声等。

1 发动机噪声

发动机噪声包括燃烧、机械、进气、排气、冷却风扇等及其他部位发出的噪声。

1) 燃烧噪声和机械噪声

燃烧噪声是在可燃混合气燃烧时汽缸压力急剧上升而产生的,它是柴油发动机噪声的主要来源。

机械噪声是指气门的冲击和活塞与汽缸之间的敲击声等,这是产生噪声的主要因素,在汽油发动机的转速范围内(300r/min 以上),燃烧噪声和机械噪声在很大程度上取决于发动机转速。

2) 进、排气噪声

进、排气噪声是发动机在进、排气过程中,气体流动和气体压力波动导致振动而产生的噪声,它随发动机转速和负荷状态而改变。

在进、排气噪声中,由于空气动力而产生的噪声可分为周期性的进、排气噪声(脉动声)和涡流声(气流声)。

周期性进、排气噪声,即基频噪声、管道气柱共振声、废气喷柱和冲击噪声。它是在进、排气门周期性地开闭时,因进、排气管内产生压力波动而引起的。

同时,伴随着进、排气时的空气流动,高速气流经过气门等产生涡流的部位会形成二次噪声,即涡流声。这种气流声随着流速增大,噪声提高,噪声的频率成分也变宽。排气的漏气声就是典型的气流声。此外,由于排气温度高、流速大,排气的气流声要比进气的气流声所占的比例大。

除了周期性的进、排气噪声和涡流声外,还有表面辐射声。它是由构成进、排气系统零件表面辐射出的噪声。进、排气系统薄壁管道及壳体的振动是产生表面辐射噪声的根本原因,这种振动是由于发动机进、排气管传来的机械振动和进、排气压力波所激发的。

降低进、排气噪声的主要措施是使用消声效果好的消声器。此外在使用过程中,要注意进、排气装置的紧固情况和接头的密封状况,以减小表面辐射噪声。

3) 风扇噪声

风扇噪声是汽车最大噪声之一。特别是近年来,由于车内普遍安装了空调系统和排气净化装置等,使发动机罩内的温度上升,冷却风扇负荷加大,噪声变得更为严重,风扇噪声与发动机转速有直接关系。

为了减小高速时发动机的风扇噪声和功率消耗,一些汽车使用了液力耦合器或变叶片扭角的风扇,也有采用冷却液温度感应电动离合风扇。同时,改变风扇叶片形状和材料对降低噪声也有一定的效果。例如,铸铝的叶片比冲压钢板的叶片噪声小,一些有机合成材料(玻璃钢、高强度尼龙等)做成的叶片比金属叶片噪声小。

2 传动机构噪声

在汽车行驶过程中,传动机构吸收来自路面的振动所引起的噪声频率为400~2000Hz,其中齿轮传动的机械噪声是主要部分。

产生齿轮噪声的原因包括齿轮啮合时产生的撞击声、随着轮齿之间滑动的变化和由于摩擦力造成的摩擦声以及因齿轮误差与刚度的变化而引起的撞击声等。

齿轮噪声以声波向空间传出的仅是一小部分,而大部分则成为变速器、后桥的激振并经轴、轴承、外壳使各部分产生振动变成噪声而传播。齿轮噪声将随汽车行驶状态(如速度、负荷)的变化而变化。

为了减少齿轮噪声,不仅要从设计、制造、加工方法等方面入手,把因啮合而引起的撞击声和激振声降至最低,还应在使用过程中注意齿轮的安装精度和啮合印痕的调整。

3 轮胎噪声

轮胎噪声最主要的来源是轮胎的胎面花纹。汽车在行驶时,因轮胎胎面花纹槽内的空气在接地时被挤压,并有规则地排出,引起周围压力变化而产生噪声。轮胎花纹不同,压缩、排气的难易程度不同,所以噪声也不同,如烟斗花纹轮胎就比普通花纹轮胎的噪声大。

此外,车速、负荷、路面状况等使用因素对轮胎噪声的影响也很大。

除上述噪声外,汽车的噪声还有高速行驶时产生的车身干扰空气噪声、制动噪声、储气筒放气声、喇叭声以及各种专用车辆上的动力装置噪声等。因为这些噪声是不连续的,所以不占主要地位。

三、任务实施

根据国家标准《机动车运行安全技术条件》(GB 7258—2017)的规定,汽车噪声应使用声级计进行测量。如图7-12所示,声级计是一种能把工业噪声、生活噪声和交通噪声等按人耳听觉特性近似地测定其噪声级的仪器。按其测量的精度不同,可分为普通声级计和精密声级计。检测方法分车外检测法和车内检测法。

1 车外噪声的测量方法

1)汽车加速行驶车外噪声的测量方法

汽车加速行驶车外噪声的测量仪器和测量场地要求见《汽车加速行驶车外

图 7-12 声级计

噪声限值及测量方法》(GB 1495—2002)的规定。测量时传声器高度的风速不应超过 5m/s。气象参数的测量仪器应置于测量场地附近,高度 1.2m。背景噪声至少应比被测汽车噪声低 10dB(A)。

被测汽车应空载,不带挂车或半挂车(不可分解的汽车除外)。必须将轮胎充至汽车制造厂规定的空载状态气压。

在开始测量之前,被测汽车的技术状况应符合该车型的技术条件(特别是该车的加速性能)和《汽车加速性能试验方法》(GB/T 12543—2009)的有关规定(包括发动机温度、调整、燃油、火花塞等)。

加速行驶测量区域按图 7-13 确定。O 点为测量区的中心,加速段长度为 $2 \times (10 \pm 0.05)$m,AA'线为加速始端线,BB'线为加速终端线,CC'线为行驶中心线。

图 7-13 汽车加速行驶车外噪声检测示意图(尺寸单位:m)

传声器应布置在离地面高(1.2 ± 0.02)m,距行驶中心线 CC' (7.5 ± 0.05)m处,其参考轴线必须水平并垂直指向行驶中心线 CC'。

汽车应以规定的挡位和稳定速度接近 AA' 线,其速度变化应控制在 ± 1km/h之内;若控制发动机转速,则转速变化应控制在 $\pm 2\%$ 或 ± 50r/min 之内(取两者中较大值)。

当汽车前端到达 AA' 线时,必须尽可能地迅速将加速踏板踩到底(即节气门或加速踏板全开),并保持不变,直到汽车尾端通过BB'线时再尽快地松开加速踏板(即节气门或加速踏板关闭)。

汽车应直线加速行驶通过测量区,其纵向中心平面应尽可能接近中心线CC'。

在汽车每一侧至少应测量4次,应测量汽车加速驶过测量区的最大声级,每一次测得的读数值应减去1dB(A)作为测量结果。

如果在汽车同侧连续4次测量结果相差不大于2dB(A),则认为测量结果有效。

将每一挡位(或接近速度)条件下每一侧的4次测量结果进行算术平均,然后取两侧平均值中较大的作为中间结果。

2)匀速行驶车外噪声测量方法

(1)车辆用常用挡位,加速踏板保持稳定,以50km/h的车速匀速通过测量区域。

(2)声级计用"A"计权网络、"快"挡进行测量,读取车辆驶过时声级计表头的最大读数。

(3)同样的测量往返进行一次,车辆同侧两次测量结果之差,不应大于2dB(A),并把测量结果记入规定表格中。若只用一个声级计测量,同样的测量应进行4次,即每侧测量两次。

3)汽车加速行驶车外噪声限值见表7-8。

汽车加速行驶车外噪声限值　　　　表7-8

汽车分类	噪声限值[dB(A)]	
	第一阶段	第二阶段
	2002年10月1日—2004年12月31日生产的汽车	2005年1月1日以后生产的汽车
M_1	77	74
M_2(GVM≤3.5t)或N_1(GVM≤3.5t) GVM≤2t 2t<GVM≤3.5t	78 79	76 77

汽车分类	噪声限值[dB(A)]	
	第一阶段	第二阶段
	2002 年 10 月 1 日—2004 年 12 月 31 日生产的汽车	2005 年 1 月 1 日以后生产的汽车
M_2(3.5t < GVM≤5t)或 M_3(GVM >5t) P < 150kW P≥150kW	82 85	80 83
N_2(3.5t < GVM≤12t)或 N_3(GVM >12t) P < 75kW 75kW≤P≤150kW P≥150kW	83 86 88	81 83 84

注:1. M_1、M_2[GVM(最大总质量)≤3.5t]和 N_1 类汽车装用直喷式柴油机,其限值增加 1dB(A)。

2. 对于越野汽车,其 GVM >2t 时:如果 P(发动机额定功率) < 150kW,其限值增加 1 dB(A);如果 P≥150kW,其限值增加 2 dB(A)。

3. M_1 类汽车,若其变速器前进挡多于 4 个,P > 140kW,P/GVM 大于 75kW/t,并且用第三挡测试时其尾端出线的速度大于 61km/h,则其限值增加 1dB(A)。

2 车内噪声检测的方法

测试的跑道应是足够长度的平直、干燥的沥青或混凝土路面。测量时车辆的门窗应关闭,周围的噪声应比所测车辆的噪声至少低 10dB(A)。车内噪声测试点的位置(传声器相对于座椅的位置)如图 7-14 所示。其检验方法按《声学 汽车车内噪声测量方法》(GB/T 18697—2002)的规定执行。

图 7-14　传声器相对于座椅的位置
A-未占用的座位;B-驾驶人座位

学习测试

一、填空题

(1)汽车噪声主要来源于＿＿＿＿＿＿、传动系统、＿＿＿＿＿＿,以及车身干扰空气声及喇叭声等。

(2)汽车噪声主要有＿＿＿＿＿、＿＿＿＿＿、＿＿＿＿＿、＿＿＿＿＿等。

(3)产生轮胎噪声最主要原因是轮胎的＿＿＿＿＿＿。

二、判断题

(1)燃烧噪声和机械噪声与发动机转速无关。　　　　　　　　　　(　)

(2)降低进、排气噪声的主要措施是使用消声效果好的消声器。　　(　)

(3)在汽车加速行驶车外噪声的测量时,被测汽车应满载。　　　　(　)

(4)在进行汽车加速行驶车外噪声测量场地布置时,要求其半径100m范围内无大的声波反射物。　　　　　　　　　　　　　　　　　　　(　)

(5)车内噪声测试点只有一个。　　　　　　　　　　　　　　　(　)

三、选择题

(1)汽车噪声是由多种声源组成的综合性噪声,下列不是主要构成的是(　)。

　　A.发动机噪声　　　　　　　　B.轮胎花纹噪声

　　C.传动系统噪声　　　　　　　D.制动噪声

(2)在进、排气噪声中,除了周期性的进、排气噪声和涡流声外,还有(　)。

　　A.表面辐射声　　　　　　　　B.冲击噪声

　　C.基频噪声　　　　　　　　　D.管道气柱共振声

(3)汽车加速行驶车外噪声的测量时,要求背景噪声至少应比被测汽车噪声低(　　)。

  A.10dB   B.30dB   C.20dB   D.40dB

(4)匀速行驶车外噪声测量时,以(　　)的车速匀速通过测量区域。

  A.50km/h B.40km/h C.60km/h D.30km/h

(5)匀速行驶车外噪声测量时,声级计用"(　　)"计权网络,"(　　)"挡进行测量。

  A.B,快   B.B,慢   C.A,快   D.A,慢

四、问答题

(1)车内噪声检测的方法是什么?

(2)汽车噪声源主要有哪些?控制汽车噪声的措施主要有哪些?

项目 8

汽车的合理使用

学习任务 1　新车走合期的合理使用

学习目标

1. 了解相对运动件之间的摩擦及磨损规律和润滑情况；
2. 了解汽车的走合期、汽车走合期的特殊性和使用要求；
3. 会对走合期的汽车进行正确的操作。

一、任务分析

走合期是新汽车、大修后的汽车或改装发动机后的汽车在开始使用阶段，通过限速、减载进行运行性磨合的时期。汽车走合是使汽车各配合机件通过逐渐磨合，达到良好配合的过程，其目的是延长汽车使用期限，提高汽车使用的经济性和可靠性。

二、相关知识

1　汽车的走合期

新车(包括大修竣工汽车)在开始投入使用阶段，汽车各机构中的零件正处于磨合状态，还不能全负荷运行，这个使用阶段称为汽车走合期。走合期是汽车改善零件摩擦表面几何形状和表面层物理、力学性能的过程，也是为了使汽车向正常使用阶段过渡，使相互配合的零件摩擦表面进行磨合的过程。汽车的使用寿命及其工作的可靠性和经济性，在很大程度上取决于使用初期的走合是否符合新发动机的规定。

2　汽车走合期的特点

1)零件磨损速度快

由于新配合件摩擦表面摩擦凹凸不平，必然产生相互嵌入的现象，在相对运动中就会产生很大的摩擦力,使配合件的两个摩擦表面磨损量较大。磨损下来的金属屑又会进入相配合零件之间构成磨料磨损,使磨损加剧。另外,由于间隙小,磨损过程中摩擦表面产生的热量增加,进而使润滑油黏度降低,润滑条件变差。由于上述原因,零件磨损量增长较快。

2)行驶故障较多

由于配合件的工作表面存在着微观和宏观的几何形状偏差、装配质量不佳、紧固件松动、使用不当以及未能正确执行走合规范,所以汽车走合期故障较多。如果装配质量不好,各部间隙过小,走合时润滑条件又差,发动机便很容易过热,常出现拉缸、烧瓦等故障(图8-1)。

图8-1 拉缸、烧瓦现象

3)润滑油易变质

由于走合期的零件表面还比较粗糙,加工后的形状和装配位置都存在一定的偏差,配合间隙较小,因此走合零件表面和润滑油的温度都很高;同时,有较多的金属屑磨损下来进入零件配合间隙中,再被润滑油带进曲轴箱中起催化作用,易使润滑油变质发黑(图8-2)。

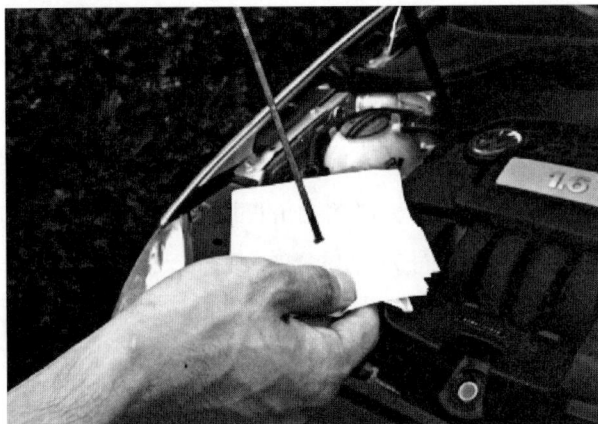

图8-2 走合期行驶车辆机油易变质

3 汽车走合期的正确使用

1）走合期里程的规定

汽车走合期里程取决于零件表面加工精度、装配质量、润滑油的品质、运行条件和驾驶技术。按照现代汽车制造厂的规定，走合期里程通常为1500～2000km。

2）汽车走合期的正确使用

汽车走合的好坏直接影响汽车的使用寿命、可靠性及经济性。根据零件的磨损规律和走合期的特点，汽车在走合期内必须严格遵守走合规定，以保证走合质量，延长零件和汽车的使用寿命。汽车走合期必须严格遵守限速、减载、选择优质燃料及润滑油、正确驾驶等有关规定。

（1）限速。在走合期内，切记不要让发动机高速运转。对于现代轿车，在各个挡位内发动机最高转速都不要超过3000r/min，在低速挡内不允许发动机长时间高速运转；对于货车，最高车速不允许超过60km/h。

（2）减载。汽车承载质量的大小直接影响汽车零部件的寿命，承载质量越大，发动机和底盘各零部件受力越大，导致润滑条件变坏，影响零部件的磨合质量，从而影响汽车的走合质量。所以，汽车在走合期内必须减载，一般要求走合期第一阶段最好空载，整个走合期内应按承载质量标准减载20%～25%，不允许拖挂和牵引其他机械车辆。

（3）选择优质燃料及润滑油。为了防止汽油机产生爆震加速发动机曲柄连杆机构零件的磨损，必须严格遵照汽车使用说明书规定的标号加注汽油（图8-3）。在走合期内，零部件配合间隙较小，为使摩擦表面得到良好的润滑，必须严格遵照汽车使用说明书的规定，使用汽车制造厂指定品牌和标号的润滑油，不要随意使用添加剂。

（4）正确驾驶。在走合期驾驶车辆时应注意，发动机起动后应低速运转，待冷却液温度升到50～60℃时再起步。行驶中应经常注意冷却液温度表，冷却液温度应在90℃左右（图8-4）。起步要平稳，加速不要过快，减少传动部件的冲击，控制加速踏板，以免发动机转速过高。

行驶中要适时换挡（图8-5），注意选择良好路面，尽量避免在恶劣道路上行驶，减少振动和冲击。尽量减少汽车突然加速引起的超负荷现象，避免紧急制动、长时间制动或使用发动机制动。在走合期内，对汽车各部分技术状况要及时检查，排除故障，以减少故障磨损。

3）汽车走合期的维护

汽车走合期的维护，一般分为走合前、走合中和走合后的维护。

图 8-3　遵照使用说明书规定的标号加注汽油

图 8-4　正确操作车辆,关注仪表

图 8-5　行驶中要适时换挡

　　汽车走合前的维护,主要是检查各部分状况,防止汽车出现事故和损伤,保证顺利地完成走合。

　　汽车走合中的维护,主要是对汽车各部技术状况开始发生变化的部分进行及时的维护,以恢复良好的技术状况,保证走合顺利进行。

　　汽车走合期结束后,应结合二级维护对汽车进行全面的检查、紧固、调整和润滑作业,更换润滑油和机油滤清器,使汽车达到良好的技术状况后投入正常运行,如图 8-6 所示。

图 8-6　检查空气滤清器、更换润滑油和机油滤清器

三、任务实施

描述汽车走合期的正确使用方法并汇报。

学习测试

一、填空题

(1)新车(包括大修竣工汽车)在开始投入使用阶段,汽车各机构中的零件正处于_____状态,还不能_____运行,把这个使用阶段称为汽车走合期。

(2)汽车走合期的特点是_____、_____和_____等。

(3)汽车走合期必须严格遵守_____、_____、选择优质燃料及润滑油、正确驾驶等有关规定。

二、判断题

(1)在走合期内,可以适当让发动机高速运转。　　　　　　　　　(　　)

(2)对于现代轿车,在各个挡位内发动机最高转速都不要超过3000r/min,在低速挡内,不允许发动机长时间高速运转;对于货车,最高车速不允许超过60 km/h。　　　　　　　　　(　　)

(3)汽车走合期的维护一般分为走合前和走合后的维护。　　　(　　)

三、选择题

(1)按照现代汽车制造厂的规定,走合期里程通常为(　　　　)。

　　A.1000～1500km　　　　　　　B.3000～5000km

　　C.1500～2000km　　　　　　　D.500～1000km

(2)汽车走合期结束后,应结合二级维护对汽车进行全面的(　　　　)作业,更换润滑油和机油滤清器,使汽车达到良好的技术状况后投入正常运行。

　　A.检查、紧固、调整和润滑

　　B.检查、紧固和润滑

　　C.紧固、调整和润滑

　　D.检查、调整和润滑

四、问答题

(1)汽车走合期的正确使用方法有哪些?

(2)如何做好汽车走合期的维护?

学习任务2 汽车在正常条件下的合理使用

学习目标

1. 了解汽车在正常条件下使用的注意事项；
2. 掌握在正常条件下的合理使用操作方法。

一、任务分析

汽车走合期结束进入正常使用期。按照零件的磨损特性,在零件的正常工作时期,零件的磨损量随汽车行驶里程的增加而缓慢地增长。这段时间是汽车技术、经济状态的最佳时期,正常、合理地使用汽车,可以充分发挥汽车的技术效益和经济效益,提高汽车动力性、经济性、排放性、可靠性和安全性,降低使用成本,还可以明显地延长汽车的使用寿命。

二、相关知识

1 每天首次起动前检查

(1)打开发动机舱盖。

①检查冷却液量。冷却液箱内的液面应在上(MAX)、下(MIN)两条刻线之间。如液面低于下(MIN)刻线,应及时补充同一型号的冷却液(图8-7),千万不可加注普通水。

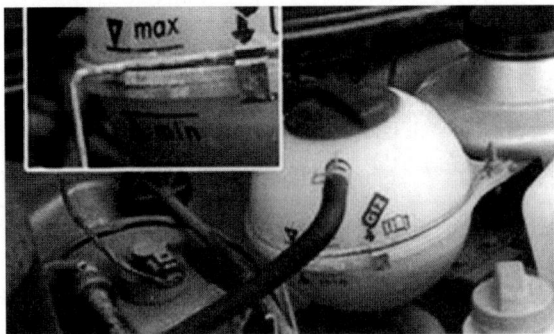

图8-7 检查、补充冷却液

②检查润滑油。拔出机油尺用布擦干净,插回机油尺孔内,再拉出查看油

量,油面应在上(MAX)、下(MIN)两条刻线之间。如油面低于下(MIN) 刻线,应及时补充同一牌号的润滑油,千万不要贪图便宜购买假冒伪劣产品;如油面高于上(MAX)刻线,应同时查看油质。若油质为乳化状,说明发动机内有漏水现象;油质比较稀薄且有汽油味,说明有漏汽油现象,应及时到正规修理厂做进一步的检查。正常的油质应该油色透亮,如未到换油维护里程,发现油质发黑浑浊,应及时到正规修理厂咨询并做进一步的检查,如图 8-8 所示。

图 8-8　检查润滑油

③检查制动液。检查制动液(俗称刹车油)量,液面应在上(MAX)、下(MIN)两条刻线之间(图 8-9)。

④检查玻璃清洗液。玻璃清洗液量的检查如图 8-10 所示。

图 8-9　检查制动液　　　　图 8-10　检查玻璃清洗液

⑤检查传动带的张紧度。用力压一压传动带,其拉伸程度不能大于 15mm;或用力翻转一下传动带,其变形角度不能大于 90°。传动带张紧度的检查如图 8-11 所示。

(2)围绕汽车转一圈,查看轮胎气压,判断轮胎气压是否正常,如气压过低应及时检查补气(图 8-12)。查看车身漆面有无划伤、碰擦。查看停车位地面有无滴油、滴水现象。

2　冷车起动

发动机冷机起动后,有一个自动的暖机过程,这时发动机处于快怠速工况,转速在 1100r/min 左右。当发动机温度达到 50℃ 左右时,暖机过程结束,发动机回到怠速工况,转速在 850r/min 左右。这个进程大约需 3min。暖机过程的目的在于使冷态下的发动机能快速达到正常工作温度。发动机的正常工作温度在 90℃ 左右。在这样的状态下,发动机的磨损速率最小,燃料的消耗量最少,尾气排放的有害成分含量最低。

图 8-11　检查传动带的张紧度　　　　图 8-12　查看轮胎气压

对于现代轿车,为了节约燃油,减轻对环境的污染,不必等待这个暖机过程。冷车起动后直接 1 挡起步,缓慢加速,正常换挡行驶。在各挡位上,发动机的转速不要超过2000r/min。当冷却液温度表指示达到 90℃ 时进入正常驾驶状态,即在行驶中完成了这一暖机过程。

3　正常行驶

汽车在正常行驶过程中,驾驶人应集中注意力,眼睛轮流观察前方180°范围、左右车外后视镜和中央车内后视镜,时刻掌握前后左右其他车辆的动态,特别要注意前方两侧非机动车和行人的动态,控制好自己的车速。根据路况及时变换挡位,可以减少发动机的磨损和节约燃油。

在城市道路行驶时,由于路况复杂,行人、车辆较多,路口红绿灯较多,行车速度不高,一般不会达到 60 km/h,即使能达到,持续时间也很短。所以在这种状况下驾驶自动挡汽车时,应把变速器操纵杆放在前进挡"D"的位置;有 1min 以上较长时间的停车等待时,应把变速器操纵杆放在空挡"N"的位置;发动机熄火停车时,应把变速器操纵杆放在停车挡"P"的位置并拉紧驻车制动手柄。这样可以减轻自动变速器频繁换挡的负担,延长自动变速器的使用寿命,还可达到节油的效果。

在路况良好的高速公路或高等级公路上行驶时,应采用匀速行驶的方式,有巡航功能的汽车可设置为巡航状态。千万不要采用"加速—空挡滑行—加速"这样的驾驶方式。对于现代汽车来说,这样的方式不仅不能节油,反而有可能导致车辆失控,引发交通事故。

遇到不正常情况,应及时判断及早采取措施,尽量避免采取紧急制动,制动时要充分利用发动机的制动功能。松抬加速踏板,带挡减速滑行,视情况制动,待发动机转速降到1100r/min左右时,踩下离合器踏板。这样可以减轻制动器的负荷,减少制动摩擦片、制动缸的磨损,延长使用寿命,更可以节约燃油。

三、任务实施

描述汽车正常条件下的正确使用方法并汇报。

学习测试

一、填空题

(1)冷却液箱内的液面应在＿＿＿＿＿＿＿、＿＿＿＿＿＿＿两条刻线之间。

(2)对于现代轿车,为了节约燃油,减轻对环境的污染,不必等待＿＿＿＿＿＿＿。

(3)遇到不正常情况,应及时判断及早采取措施,尽量避免采取紧急制动,制动时要充分利用＿＿＿＿＿＿＿。

二、判断题

(1)可以添加其他品牌制动液。　　　　　　　　　　　　　　　(　　)

(2)驾驶自动挡汽车,有1min以上较长时间的停车等待时,应把变速器操纵杆放在空挡"N"的位置。　　　　　　　　　　　　　　　(　　)

三、选择题

(1)检查传动带的张紧度时,应用力压一压传动带,其拉伸程度不能大于15 mm;或用力翻转一下传动带,其变形角度不能大于(　　)。

　　A.90°　　　　　　B.180°　　　　　　C.45°　　　　　　D.以上都不是

(2)发动机熄火停车时,应把变速器操纵杆放在(　　)位置并拉紧驻车制动手柄。

　　A.停车挡"P"　　　　　　　　　B.前进挡"D"

　　C.空挡"N"　　　　　　　　　　D.以上都不是

四、问答题

简述在正常条件下,汽车的合理操作方法。

学习任务3　汽车在特殊条件下的合理使用

学习目标

1. 了解汽车在低温条件下的使用特点,掌握低温条件下汽车使用的技术措施;
2. 了解高温条件对汽车性能的影响,掌握高温条件下汽车使用的技术措施;
3. 了解高原、山区对汽车性能的影响,掌握高原、山区条件下汽车使用的技术措施;
4. 了解汽车在恶劣道路条件下的使用特点,掌握恶劣道路条件下汽车使用的技术措施。

一、任务分析

随着我国经济的不断发展,人们拥有汽车已不再是梦想,汽车也不再仅是代步工具。汽车文化、汽车体育、汽车旅游、汽车探险等的日益兴起极大地丰富了人们的精神生活。然而,我国地域面积广阔、地形条件复杂、气候环境多样。南方潮湿多雨,气温较高;北方寒冷多雪,气温较低;西部干旱少雨多风沙,昼夜温差很大。汽车在这些特殊条件下使用时,各部件、总成的工作状况有很大的变化,可能导致汽车的使用性能恶化。因此,对汽车使用上的特殊情况,必须掌握其特点和采取相应的措施,保证汽车的合理使用,保持汽车性能的正常发挥,延长汽车的使用寿命。

二、相关知识

1 汽车在低温条件下的使用

1) 低温对汽车使用的影响

低温对汽车使用的影响主要表现在发动机起动困难、总成磨损严重、燃料消耗增加、零件材料的性能变差及行车条件变差。

2) 低温条件下汽车使用技术措施

根据汽车在低温条件下的使用特点,采取的技术措施主要有预热、保温、合理选用燃料及润滑油、改善混合气形成及防冻等。

（1）预热。在严寒条件下对发动机进行预热，是改善混合气形成条件、提高燃料的蒸发性和雾化性、提高发动机在低温条件下起动性能的一项重要措施。

现代汽车普遍使用防冻冷却液，不需要放水防冻，因此不能采用往冷却系内灌注热水的方法进行预热。可以用沸水或蒸汽浇淋或喷射进气歧管和油底壳，提高进气温度，促进汽油蒸发；提高润滑油温度，降低润滑油的黏度。柴油机应同时使用电热塞预热和向进气歧管喷注起动液，这样可以提高发动机的起动性能。

（2）保温。对汽车发动机保温的目的，是使发动机在一定的热状况下工作及随时可以出车。目前，在严寒地区对发动机保温，主要是对汽车发动机和散热器罩采用保温套，在 - 30℃气温下行驶，发动机罩内温度可以保持在 20 ~ 30℃。停车后，发动机各主要部位的冷却速度大约比无保温套的发动机降低 6 倍。发动机油底壳可采用双油底壳或外表面封上一层玻璃纤维进行保温。蓄电池的保温，一般采用木质的保温箱。保温箱有的做成夹层，在夹层中装有保温材料。

（3）合理使用燃料及润滑油。在低温下使用的燃料应具有良好的挥发性、流动性和低含硫量，以便起动和减少磨损。有的国家有专门牌号的冬季汽油和柴油，供汽车在严寒地区使用。

冬季使用汽车时，发动机、变速器、主减速器等应使用黏度较低的冬季润滑油，可使零件的润滑条件得到改善，并降低起动阻力。

在低温条件下使用防冻冷却液是改善发动机低温起动性能和防止冷却系统冻结的一项重要措施。使用防冻冷却液能大大减少起动前的准备时间，减轻驾驶人的劳动强度。常用的防冻冷却液有乙二醇-水型、乙醇-水型和甘油-水型三种。

防冻冷却液在使用中应注意以下几点：

①在配制和选用防冻冷却液时，防冻冷却液的冰点应比当地的最低气温低 50℃。

②防冻冷却液的表面张力比水小，容易泄漏，加注前要仔细检查冷却系统的密封性。

③由于防冻冷却液的膨胀系数大，所以只能加到冷却系统总容量的 95%，以免温升后溢出。

④经常用密度计检查防冻冷却液成分。使用乙醇（酒精）型防冻冷却液时，由于乙醇蒸发快，应及时添加适量乙醇和少量的水。乙二醇型和甘油型防冻冷却液只需添加适量的水。

⑤添加防冻冷却液时,应先让发动机熄火,待其温度降低后再添加,以防烫伤。

⑥乙二醇有毒,使用中应注意安全。

2 汽车在高温条件下的使用

1)高温条件对汽车使用的影响

在炎热的夏季,由于气温高、雨量大、灰尘多和辐射热强,使发动机技术状况发生变化。例如:发动机温度高,充气系数下降;燃烧不正常(爆震、早燃);润滑性能变差;供油系易产生气阻等。

(1)发动机充气系数下降。高温条件下,冷却系统的散热效率降低,发动机罩内温度高,空气密度减小,导致发动机充气系数下降,发动机功率降低。由试验得知:当外界气温为 32 ~ 35℃时,若冷却液不沸腾,发动机的最大功率仅为该转速下所能发出的最大功率的 34% ~ 48%;当气温在 25℃时,由发动机罩外吸入空气,可使发动机最大功率提高 10%。

(2)燃烧不正常。由于发动机温度高,进气终了的温度也高,使燃烧过程中产生的过氧化物活动能量增强,容易产生爆震和早燃。不正常燃烧导致发动机零件热负荷增加,容易使零件产生热变形甚至裂纹,并加剧磨损。

(3)润滑油易变质。在高温条件下,若发动机过热,会加剧润滑油的热分解、氧化和聚合过程。不正常燃烧的废气窜入曲轴箱,既提高了油底壳的温度,又污染了润滑油。发动机的工作温度越高,润滑油变质越快。

(4)发动机的磨损加剧。由于高温下润滑油的黏度降低,油性变差,加上润滑油易变质,导致机件的润滑变差;同时,不正常燃烧产生的高温高压,也会致使发动机的磨损加剧。

(5)轮胎易爆。高温条件下,橡胶老化速度加快,强度减弱,行驶散热不良,轮胎内温度升高,气压增大,容易导致轮胎爆破。

2)高温条件下汽车使用的技术措施

(1)加强季节维护。根据夏季气温高的特点,为了适应汽车正常运行的需要,在夏季来临以前,结合二级维护,对全车进行一些必要的季节性检查与调整。

①加强冷却系统的维护,提高冷却强度。注意对冷却系统的检查,要保证有充足的冷却液。冷却液不仅能防冻且具有良好的防腐蚀性能,因此要防止冷却系统产生水垢,提高冷却液的沸点,不能使用普通水;检查冷却系统的密封情况、节温器和冷却液温度表的工作情况;检查和调整风扇传动带松紧度或风扇电动机的性能。

②换用黏度较高的润滑油,适当缩短换油周期。在高温下,大型货(客)车变速器和差速器的油温在高负荷连续行驶的条件下逐渐升高,与发动机润滑油一

样,往往超过120℃。高温将引起传动系统润滑油的早期变质,因此应换用夏季齿轮油,并适当缩短换油周期。轮毂轴承换用滴点较高的润滑脂,并按规定周期进行检查与维护。

(2)防止爆震。为了防止爆震,应根据发动机的要求选用相应标号的汽油,同时应保持发动机的正常工作温度;检查火花塞的工作情况,清除积炭,调整电极间隙(图8-13)。

图8-13　拆检查火花塞的工作情况

(3)轮胎防爆。在夏季行车时,外界气温高,轮胎散热较慢,温度较高,易使气压过高而引发爆胎,因此应注意检查轮胎的温度和气压(图8-14),保持规定的气压标准;在酷热地区中午行车时,还应适当降低车速,每行驶40～50km后应停车于阴凉地方,待轮胎温度降低后再继续行驶。不得中途采用放气或冷水浇泼轮胎的方法来降低轮胎的气压和温度,以免加速轮胎损坏。

(4)检查空调装置。在高温、强烈阳光、多尘、多雨的条件下长期行车,驾驶人劳动强度大,容易感到疲劳,影响行车安全,同时影响乘客的舒适性。所以保证空调装置具有良好的工作性能对于行车安全具有重大意义(图8-15)。

图8-14　检查轮胎气压　　　图8-15　检查空调装置

3 汽车在山区和高原条件下的使用

汽车在山区(图8-16)和高原地区(图8-17)行驶时,由于海拔高、气压低、空气稀薄、发动机充气量少,导致发动机动力性和经济性下降。

图8-16　险峻的盘山公路　　　　图8-17　高原公路

山区、高原地区对汽车使用的影响如下:

(1)对发动机动力性的影响。汽车在高原地区行驶时,随着海拔的升高,气压逐渐降低,空气密度减少,使充气量下降,发动机动力降低。海拔每增高1000m,大气压力下降约11.5%,空气密度减少约9%,功率下降约12%,转矩下降约11%。

海拔也影响汽车的加速性能,海拔每增高1000m,加速时间和加速距离加长50%,最高车速下降9%左右。

随着海拔的增加,大气压力低,进气管真空度下降,发动机转速也下降,致使怠速不良。海拔每增高1000m,怠速降低50r/min。

(2)对发动机燃料消耗的影响。在高原山区行驶的汽车,由于空气密度下降,充气量将会明显降低;在山区行驶的汽车,由于坡度陡而长,汽车经常在低速挡大负荷的条件下行驶,发动机工作温度高。这些都将引起油耗增大(图8-18)。

(3)对润滑油的影响。在高原地区行车,由于发动机功率下降,发动机长时间满负荷工作,所以,发动机易过热,进而导致机油变稀和氧化变质加快。同时过浓的混合气燃烧不完全,窜入曲轴箱,冲淡机油,也加快机油变质,加剧机件的磨损(图8-19)。

4 汽车在恶劣道路条件下的使用

恶劣道路是指泥泞的土路、冬季的冰雪道路、覆盖砂土的道路、松软土路、耕地、草地和沼泽地等。

图 8-18 山区行驶的汽车燃料消耗大

图 8-19 加快机油变质,加剧
机件的磨损

1)汽车在恶劣道路条件下的使用特点

汽车在恶劣道路条件下的使用特点是:驱动轮与路面的附着力减小;车轮的滚动阻力增大。此外,还会有障碍物影响汽车通过,从而使汽车的驱动-附着条件恶化。汽车在恶劣道路条件下使用,燃料消耗量较大,比正常使用条件高出约35%。

汽车在松软的土路行驶时,路面被破坏形成车辙,滚动阻力增大,甚至陷入而无法行驶。在泥泞道路上行驶时,往往由于附着系数降低,轮胎的滚动阻力增大,易引起驱动轮打滑,使汽车的通过性变差。

汽车在砂石路上行驶,因路面松散,受压后变形大,承受切向力的能力差,使附着系数降低,滚动阻力增大,砂路和流沙地容易使汽车的驱动轮打滑;尤其在流沙地上,车轮的滚动阻力系数可达0.15～0.30或更大,驱动轮由于附着系数低而空转,影响汽车的通过性能。

雪路对汽车通过性影响很大,主要取决于雪的特性和深度。雪层的密度越大,其承受的压力也越大,雪层的密度、硬度都与气温和压实程度有关;气温低,雪层干而硬;气温高则相反。

雪层的厚度对汽车行驶也有一定的影响,被车轮压实后的雪路当其厚度为7～10mm时,对汽车正常行驶影响不大;如果雪层加厚,特别是松软的雪层,汽车通过能力明显下降。经验表明,雪层厚度大于汽车离地间隙1.5倍,雪的密度低于450kg/m³时,汽车便不能行驶。

在结冰路面上行驶的汽车,特别是在冬季车轮与冰面的附着系数降低到0.1以下,但车轮的滚动阻力与刚性路面相差不大。

2)汽车在恶劣道路条件下使用的技术措施

汽车在恶劣道路条件下使用时,改善驱动轮与路面之间的附着条件,减少滚动阻力对提高汽车的通过性是很重要的。从使用方面改善汽车通过性的措施主要有如下几种：

(1)降低滚动阻力,提高车轮与路面附着力,防止车轮滑转。在汽车驱动轮上装防滑链,是提高车轮与路面附着系数的有效措施。防滑链的形式主要取决于路面状况和汽车行驶系统的结构,防滑链有普通防滑链和履带式防滑链。

普通防滑链(图 8-20)适用于冰雪路面和松软层不厚的土路;在黏土路上,当链齿塞满土时,使用效果则明显下降。履带式防滑链(图 8-21)适用于松软层很厚的土路,它能保证汽车在坏路上,甚至驱动轮陷入土壤或雪内仍可以通过;菱形履带链还具有防侧滑的能力。

防滑链的缺点是链条较重,拆装不方便,更重要的是装上防滑链后,汽车的动力性和经济性均下降;在硬路面上行驶冲击大,使轮胎和后桥磨损严重。

克服短而难行的无路地段时,宜使用容易拆装的防滑带,如图 8-22 所示。

图 8-20　普通防滑链　　图8-21　履带式　　图 8-22　汽车用防滑带
防滑链

(2)采用合理的驾驶方法。汽车在恶劣道路条件下行驶时,要选择好线路,尽可能避开泥泞和滑度较大的路面。通过泥泞或翻浆路时,最好一鼓作气地通过,途中不要换挡、停车。被迫停车后再起步时,如果是空车,挂中速挡;如果是重车,挂低速挡,轻踏加速踏板起步,使驱动力低于附着力,避免打滑。

松软道路附着系数很低,防止侧滑很重要,所以在驾驶时使用制动要特别小心,不得采用紧急制动,转向也不能过急,以免发生侧滑,尤其是坡道或急弯行驶时更要注意,一旦出现侧滑,首先要抬起加速踏板降低车速,并立即将转向盘向着车轮侧滑的方向转动(在路面允许的条件下),以防止继续侧滑或发生事故。

当车轮已陷入泥泞道路空转时,不可盲目加大加速踏板行程来强行驶出,以免越陷越深,且强行驶出易使机件损坏。

(3)合理使用汽车轮胎。汽车轮胎对其通过性具有决定性的影响。为了提高汽车通过性,必须正确选择轮胎的气压、花纹、结构参数等,使汽车的行驶阻力较小,而又获得最大的附着力。

在松软道路上,汽车轮胎单位面积的压力越大,滚动阻力就越大,汽车的通过性就越差。所以,降低轮胎气压,增加轮胎宽度,可降低车轮的滚动阻力,提高汽车的通过性能。当汽车的驱动轮打滑或陷在泥泞路中时,为了减小单位面积压力,卸下载物也是一种必要的措施。这与汽车打滑而未下陷时,有意增加后轴附近载质量,改变汽车附着质量,达到提高附着力的目的是不矛盾的。也可使用调压胎,驾驶人可在驾驶室内调节轮胎气压,可从正常气压降到极低的气压(49~68.6kPa)。这样,轮胎的印痕面积可增大2~3倍,印痕压强相应降低,使汽车在松软和泥泞的道路上的行驶性能得到改善。

轮胎花纹对滚动阻力和附着力的影响很大,所以,要注意对轮胎花纹的选择。普通花纹轮胎适合于在硬路面上行驶;越野花纹适合于泥地、松软路面上行驶;混合花纹轮胎适合于各种路面上行驶。

使用断面加宽的特种轮胎——拱形轮胎和宽断面轮胎可以大大提高汽车的通过性。

(4)采用自救或他救的方法。车轮已经陷入坑中时,可根据具体情况,采用自救或他救。他救就是用其他车辆、拖拉机等,拖出已陷入的汽车。无法他救时,可采用自救措施;若车桥没有触地,可将坑铲成斜面,垫上碎石、灰渣等,然后用前进或后倒的方法将车驶出;车桥壳触地,车轮悬空时,可先在车轮下面垫上木板、树枝、碎石等物,再以低速挡驶出;驱动轮滑转时,也可以将绳索绑在树干(或木桩)和驱动轮上,如同绞盘那样使汽车驶出陷坑(图8-23)。

图8-23　汽车的自救

三、任务实施

描述汽车特殊条件下的正确使用方法并汇报。

学习测试

一、填空题

(1)根据汽车在低温条件下的使用特点,采取的技术措施主要有_____、保温、合理选用燃料及润滑油、_____、防冻等。

(2)发动机温度高,充气系数＿＿＿＿＿＿＿＿;燃烧不正常(爆震、早燃);润滑性能变差;供油系易产生＿＿＿＿＿＿＿＿等。

(3)汽车在高原地区行驶时,随着海拔的升高,气压逐渐降低,空气密度＿＿＿＿＿＿＿＿,使充气量＿＿＿＿＿＿＿＿,发动机动力降低。

二、判断题

(1)在低温下使用的燃料应具有良好的挥发性、流动性和低含硫量,以便起动和减少磨损。（　　）

(2)随着海拔的增加,大气压力增加,进气管真空度上升,发动机转速也下降,致使怠速不良。（　　）

(3)轮胎花纹对滚动阻力和附着力的影响很大,所以,要注意轮胎花纹的选择。普通花纹轮胎适合于在软路面上行驶;越野花纹适合于硬路面上行驶。（　　）

三、选择题

(1)在高原地区行车,由于发动机功率下降,发动机长时间满负荷工作,所以,发动机易(　　),进而导致机油变稀和氧化变质加快。

　　A.过热　　　　　B.熄火　　　　　C.过冷　　　　　D.以上都不是

(2)汽车在坏路和无路条件下的使用特点是:驱动轮与路面的附着力(　　);车轮的滚动阻力(　　)。

　　A.减小,增大　　B.增大,增大　　C.减小,减小　　D.以上都不是

四、问答题

(1)低温条件下汽车使用的技术措施有哪些?

(2)高温条件下汽车使用的技术措施有哪些?

(3)山区、高原地区条件下汽车使用的技术措施有哪些?

(4)恶劣道路条件下汽车使用的技术措施有哪些?

学习任务4　汽车运行材料的合理使用

📖 学习目标

1.能够正确描述汽车运行材料的使用知识;

2.能运用汽车运行材料使用知识指导客户合理使用汽车消耗品。

一、任务分析

汽车运行材料指燃料、润滑油、轮胎、冷却液和制动液等。汽车运行材料使用是否合理,对维持汽车正常工作和良好技术状况,保证汽车的使用可靠性,延长汽车的使用寿命,均有直接影响。

二、相关知识

1 汽车燃料的选用

目前,绝大部分汽车使用的燃料是汽油或柴油,小部分汽车使用的是液化石油气。现在以氢气为燃料的环保型汽车已经研制成功并投入了试运行(图8-24)。

汽油和柴油作为汽车的主要燃料,其性能的好坏,对于汽车发动机的动力性、经济性、可靠性和环保性等具有极大的影响。

(1)弄清楚自己的车是汽油发动机还是柴油发动机。

(2)观察燃油量表。检查燃油箱内的燃油量,"F"表示燃油满箱,"E"表示燃油已耗尽(图8-25)。

图8-24 以氢气为燃料的环保型汽车

图8-25 燃油表

(3)应及时前往正规的加油站加注燃油,油量警告灯亮起后,必须加注燃油。

(4)选择汽油。

①高清洁无铅汽油。高清洁无铅汽油不含有害的铅化合物、腐蚀性物质、胶状物质、机械杂质,水分的含量大大减少。高清清无铅汽油的主要功能可概括为六个方面。一是减少环境污染:尾气排放一氧化碳平均下降57.80%,碳氢化合物平均下降40.3%;二是保持清洁:保持新车发动机燃油供给系统的清洁,如喷嘴、油道、进气阀、火花塞、燃烧室等部件,在汽车运行中不生成油垢、胶状物和积炭,不需要定期清洗,省时省力;三是清除积炭:可清除由于未使用高清洁无铅汽

油,发动机燃油供给系统各部位已经形成的油垢、胶状物和积炭;四是节省燃油:清洁的燃油供给系统,提高了燃油雾化能力,使发动机功率充分发挥,节省燃油达5%;五是改善驾驶性能:发动机起动容易,转速平稳,提速加快;六是延长发动机使用寿命:发动机喷油嘴的使用寿命延长,减少维修更换部件费用。

②汽油的标号。汽油是按辛烷值的高低以标号来区分的,辛烷值是表示汽油抗爆性的指标。常用的辛烷值测定方法有两种:马达法(MON)和研究法(RON)。两种方法测出的数值是不一样的,用研究法测得的数值比马达法测得的数值高8~10个单位。我国采用研究法测定的数值,92号汽油表示它的辛烷值不低于92,依此类推。我国目前市场供应的汽油标号有89号、92号、95号、98号,标号越高其抗爆性越好,适合于高压缩比的发动机。

③汽油的选择。根据汽车使用说明书的要求选择相应标号的汽油。

根据发动机压缩比的不同选用不同标号的汽油,如果高压缩比的发动机使用不适合的低标号汽油,就会产生爆震,油耗增加,功率下降;反之,低压缩比的发动机使用不适合的高标号汽油,会造成不必要的浪费。

压缩比不大于9.0的用89号汽油;压缩比不大于10.0的用92号汽油,压缩比大于10的用95号以上的汽油。

(5)选用柴油。柴油分为轻柴油、重柴油和军用柴油三类。中、高速柴油机使用的燃料是轻柴油,简称柴油。

柴油机的燃烧不是火花塞点燃的,而是将柴油高压喷入压缩后在汽缸内与高温、高压的空气相遇进行着火燃烧的,故又称为压燃式发动机。柴油发动机具有热效率高、耗油率低等特点。因此,柴油发动机在汽车上的应用越来越广泛,家用轿车也开始使用柴油发动机。

①柴油机对柴油性能的要求。

a.良好的燃烧性。它表示柴油的自燃能力。

b.良好的低温流动性。

c.适当的雾化和蒸发性。柴油机的燃烧室和喷油设备既定后,柴油的雾化和蒸发性就决定了柴油机燃烧室内形成混合气的质量。

d.良好的安定性,无腐蚀性和清净性。

②柴油的标号及选用。

a.标号。柴油按凝点划分标号,凝点不高于10℃为10号柴油,凝点不高于-10℃为-10号柴油,其余类推。目前国内市场上的柴油主要有10号、0号、-10号、-20号、-35号、-50号等。

b.柴油的质量等级。柴油按含硫量及安全性的不同分为三个等级:优级品、一级品和合格品。柴油质量等级的主要差别是,优级品的含硫量最低,安全性最好。

c.柴油的选用。根据当地的环境温度确定柴油的标号,一般柴油的标号要低于当地气温5~8℃。如当地气温为−5℃,选用−10号柴油即可,而不需要用−35号、−50号。因为柴油标号越低,其价格越高。就同一质量等级的柴油而言,其差别仅是凝点不同,无目的地使用过低凝点的柴油,只会造成浪费。如选用了0号或10号柴油,则会导致柴油失去流动性而不能供油。

2 汽车润滑材料的选用

汽车在正常使用过程中,零部件间发生相对运动,加之载荷和温度的作用,会引起零部件的磨损,导致车辆发生故障和损坏。为减缓零部件的磨损,减少故障,延长车辆的使用寿命,最大限度地发挥车辆应有功率,必须正确使用润滑材料。汽车润滑材料主要包括发动机油(机油)、齿轮油和润滑脂(黄油)。

1)机油

现代汽车发动机的正常使用寿命越来越长的主要原因是机油的保护起到了非常重要的作用。所以,合理选用机油是汽车使用和维护中最重要的内容。

(1)机油的作用。性能优良的机油应具有润滑、冷却、密封、清洗和防锈作用。

(2)机油的分类。我国按发动机的类型分为汽油机油和柴油机油两类,每一类又按其使用性能和黏度分为若干等级。

按照使用性能分类(质量等级),我国采用SPI质量分类法分类:

①汽油机系列 (S系列) 有SC、SD、SE、SF、SC、SH、SI、SJ、SL等等级。第二位字母越靠后,等级越高,使用性能越好。

②柴油机系列(C系列)有CC、CD、CE、CF、CG、CH、CI等等级。第二位字母越靠后,等级越高,使用性能越好。

还有汽油机/柴油机通用机油SD/CC、SE/CC、SF/CD等等级。

①冬季用油(W级) 有0W、5W、10W、15W、20W和25W等等级。级号越低,适应的环境温度越低。

②非冬季用油有20、30、40 、50和60等等级。级号越大,适应的环境温度越高。

③多级油有5W/20、5W/30、5W/40、10W/40、15W/40、20W/40等等级,能同时满足某一W级和非W级的黏度要求,有较宽的温度使用范围。

（3）机油标号举例。

①SH 20W/50，表示汽油机油，质量等级为H，多级油。

②API CH4/SJ SAE 15W-40，表示柴油机、汽油机通用油，质量等级分别为H4和J，多级油。

③SAE 5W-40SJ，表示汽油机油，质量等级为J，多级油。

（4）机油的选用。根据汽车使用说明书的规定使用机油。可以用质量等级高的油代替质量等级低的油，反之绝对不行，否则会导致发动机早期磨损和损坏。不同等级的油不能混用。

根据气候条件尽量选用多级油，省去了按季节变化换油的麻烦。

（5）机油的检查。

①打开发动机舱盖看到机油尺。

②抽出机油尺，用干净棉丝擦净油迹，然后再次插入，稍后再次抽出。

③查看机油油迹是否在花纹区域之间，如果油迹在区域下端则需添加机油。

如果发现机油颜色较黑且混浊或有乳白色现象，是机油变质，应到修理厂查明原因，并更换机油。

平时应在规定里程内定期更换机油，这一点是千万不能忽视的。

2）汽车齿轮油

（1）汽车齿轮油的作用。汽车齿轮油用于手动变速器、主减速器和转向器中齿轮传动的润滑，其作用是减少摩擦、降低磨损、冷却零部件、缓和振动与冲击、防锈和清洗。

（2）汽车齿轮油的分类。齿轮油的分类采用SAE黏度标准和SPI使用性能标准。

①SAE黏度等级有70W、75W、80W、85W、90、140、250等。数值越大，适用温度越高。带W为冬季用油，不带W为夏季用油，也有多级油80W/90、85 W/90等。

②SPI使用性能等级有CL-3、CL-4、CL-5等。

3）汽车润滑脂

润滑脂是一种半固体状的润滑材料，在汽车上主要用于轮毂、万向节等轴承部位，具有润滑、防锈和密封作用。

使用时，应选择与用脂部位工作条件相适应的润滑脂的品种和牌号，工作条件包括工作温度、运转速度、负荷和工作环境污染状况。

润滑脂的稠度等级有：000、00、0、1、2、3、4、5、6九个级别。000号最稀软成液态，6号最硬稠几乎成固体。汽车常用1、2、3号润滑脂。

汽车轮毂是主要的用脂部位,建议全年使用2号脂(南方),或冬季用1号脂,夏季用2号脂(北方)。在炎热季节,重负荷车辆上可使用3号脂。用脂过稠会增加轮毂轴承转动阻力,使油耗增大,不利于节能;用脂过稀会造成轮毂油封漏油,甩到制动摩擦片上会造成制动失灵。汽车轮毂轴承润滑应采用空毂润滑方式,即只是在轴承内装满润滑脂,轮毂内腔仅薄薄地涂抹一层润滑脂防锈即可。

3　防冻冷却液的选用

长期以来,一讲到防冻冷却液,人们就想到用清洁的水,因为水既经济又有较好的散热效果。但是,水的冰点高,0 ℃就要结冰,体积膨胀,容易使缸体、散热器损坏;水的沸点低,100℃就要沸腾。夏季高温时,水会沸腾,影响汽车正常行驶。另外,水加热后会形成水垢,沉积在散热器和缸体内,影响散热,造成发动机温度过高。而防冻冷却液可以完全避免上述缺点。

1)防冻冷却液的性能

防冻冷却液由防冻添加剂和适量的蒸馏水配制而成,具有优良的性能,具体如下:

(1)沸点高,可达190 ℃,所以蒸发损失小,在发动机正常工作情况下,防冻冷却液几乎不会减少。

(2)冰点低,可达–60℃,不会结冰冻裂发动机。

(3)流动性好,热容最大,散热效率高。

(4)防腐蚀性好,不易产生水垢。

2)防冻冷却液的选用

汽车出厂时,冷却系统内已加入了永久性防冻冷却液,正常情况下不需更换。一旦发现防冻冷却液减少得较快,要进行仔细检查,排除故障。补充和更换防冻冷却液应选用汽车使用说明书规定的品牌,不同品牌的防冻冷却液不可混用。应常年使用防冻冷却液。

3)防冻冷却液的使用注意事项

防冻冷却液在使用中应注意以下几点:

(1)在选用防冻冷却液时,防冻冷却液的冰点应比当地的最低气温低5℃。

(2)防冻冷却液的表面张力比水小,容易泄漏,加注前要仔细检查冷却系统的密封性。

(3)由于防冻冷却液的膨胀系数大,所以只能加到冷却系总容量的95%,以免升温后溢出。

(4)经常用密度计检查防冻冷却液的冰点。

(5)添加防冻冷却液时,应先让发动机熄火,待其温度降低后再添加,以防烫伤。

(6)防冻冷却液有毒。

4 汽车制动液的选用

汽车制动液是汽车制动系统传递力的介质,其数量和质量直接关系到制动性能的好坏和行车的安全。

1)汽车制动液的主要性能

汽车制动液一般是酯类油或醇醚类化合物,其主要性能如下。

(1)高温抗气阻性。现代汽车的车速越来越高,行驶中频繁制动,会使制动液的温度高达 150 ℃ 以上。高温下制动液汽化形成气阻造成的制动失灵将是致命的。

(2)与橡胶的配伍性。要求制动液对制动系统内的橡胶零件不会造成溶解、软化或硬化。

(3)抗腐蚀性和防锈性。要求制动液不会引起金属零件的腐蚀和生锈。

(4)低温流动性。冬季气温低,如制动液黏度增加过多,将使其流动性变差,不能准确地传递压力,导致制动失灵。

(5)溶水性。制动液具有吸湿性,使用中会吸收空气中的水分。要求制动液在吸水时能与水互溶,不产生分离和沉淀。

2)我国汽车制动液标准

我国汽车制动液标准有 JG3、JG4、JG5 三个等级,分别对应美国联邦机动车辆安全标准(FWVSS)的 DOT-3 、DOT-4 、DOT-5 三个等级,都可常年使用。

3)汽车制动液的使用注意事项

制动液必须每两年更换一次。使用中应注意:

(1)各种制动液不能混合使用,以防止混合后分层而失效,替换用其他制动液时,应彻底清洗制动系统。

(2)应保持制动液清洁,防止水分、矿物油和机械杂质混入。

(3)汽车制动液多以有机溶剂制成,易挥发、易燃,应密封保存并注意防火。

5 汽车轮胎的认识

1)轮胎的材料

汽车轮胎由橡胶、炭黑、橡胶添加剂和用作帘布层的尼龙丝、聚酯纤维或钢丝制成,其中橡胶是最主要的原料。橡胶有天然橡胶和合成橡胶两种,天然橡胶来自橡胶树,合成橡胶来自石油产品。

2)轮胎的结构

轮胎分为有内胎和无内胎、普通斜交轮胎和子午线轮胎,现代轿车都采用无内胎的子午线轮胎。

(1)胎面也称胎冠,是轮胎的行驶面,它与路面接触,直接承受冲击和磨损,并使轮胎与路面间有很大的附着力,故胎面应具有较高的弹性、弹力和耐磨性能。为增加轮胎的附着力,避免轮胎横向打滑,胎面制有各种花纹(图8-26)。

图8-26　轮胎的内部结构

(2)胎肩是较厚的胎冠较薄胎侧间的过渡部分,一般也制有各种花纹,以提高该部位的散热性能。

(3)胎侧是贴在胎体帘布层侧壁的薄橡胶层,主要作用是保护胎体侧部帘布层免受损伤。

(4)胎体是外胎的骨架,由帘布层和缓冲层组成,其作用是承受负荷,保持轮胎外缘尺寸和形状。帘布层用浸胶的棉线、人造丝、尼龙、聚酯纤维和钢丝等材料制成,在帘布层与胎面之间,还有用上述材料制成的缓冲层。

(5)胎圈由钢丝圈、帘布层包边和胎圈包布组成。轮胎靠胎圈固装在轮辋上与轮辋紧密结合形成密封。

(6)气密层是轮胎的内衬层,要求有良好的气密性能(图8-27)。

3)轮胎的规格

以图8-28所示的195/55R15 85V规格轮胎为例,其中195为轮胎断面宽度,单位为mm;55为轮胎的扁平率,是轮胎断面高度除以断面宽度得到的百分数;R为轮胎的结构标志,指子午线轮胎;15为轮胎内径,即轮辋名义直径,单位为英寸(in);85为载重指数,数字越大,承载能力越大;V为速度级别,是指轮胎在负荷指数内允许的最高时速,常用的速度等级有 P(150 km/h)、Q(160 km/h)、

R（170 km/h）、S（180 km/h）、T（190 km/h）、H（210km/h）、V（240 km/h）、W（270 km/h）、r（300km/h）、Z 和 ZR（>240 km/h）。

图 8-27　轮胎的断面图

轮胎规格

载重指数　速度级别

195 / 55 R15 85 V

断面宽度(W)　扁平比(AR) 轮辋直径

$$扁平比=\frac{断面高度}{断面宽度}(\times100\%)$$

图 8-28　轮胎的规格

6　选择轮胎

轮胎是行驶系统的主要部件,其作性能的好坏,直接影响着车辆的安全性、稳定性和经济性,有的轿车由于超速行驶或轮胎气压过高,引起爆胎,造成车毁人亡;有的由于轮胎选用不当,引起轮胎早期磨损,而对行车安全构成了威胁;还有的由于购买了假冒伪劣轮胎,酿成事故。因此,车主必须谨慎地选择轮胎。

现代轿车普遍采用子午线无内胎轮胎。这是一种适应高速公路、高速轿车的新型轮胎。所谓子午线轮胎,就是帘布层相互平行排列,恰似地球的子午线方向。

子午线轮胎与普通斜交轮胎相比有以下特点:弹性大、耐磨性好,可使轮胎寿命提高 30% ~50%;滚动阻力小,可降低油耗 8% 左右;抓地性能及缓冲性能好,承载能力强;抗刺能力强,行驶安全;附着力大,整车行驶性能好。

无内胎轮胎被刺后,不易漏气或漏气较慢,压力不会急剧下降,仍能安全行驶一段距离。无内胎轮胎行驶中产生的热量,直接从轮胎和轮辋散出。所以温度较普通轮胎低20%～30%,有利于高速行驶,且寿命可延长20%。

同一辆车应选用同一品牌、同一类型、同一花纹的轮胎,最起码同一车轴的轮胎应该如此。

7　合理使用和维护轮胎

合理使用和维护轮胎的目的是降低轮胎的磨损速度,防止不正常的磨损和损坏,从而延长轮胎的使用寿命,降低燃油的消耗。

1)保持轮胎气压正常

轮胎气压是决定轮胎使用寿命和工作好坏的主要因素。因此,每天出车前必须观察轮胎气压是否异常,必要时用轮胎气压表检查。每月必须用轮胎气压表检查一次全车轮胎气压,并作调整。

通常厂家都会将轮胎气压值印在驾驶座门边或加油口盖上。轿车轮胎气压一般在0.2～0.4MPa。

正常情况下,胎面花纹磨损均匀。轮胎气压过高时,胎面中间花纹磨损较快;轮胎气压过低,胎面两肩花纹磨损较快。

2)保持轮胎胎面完好

(1)检查并剔除胎面嵌入的石子、铁钉、玻璃等。这些嵌入物如不及时剔除将会进一步插入胎体内,导致胎面开裂,造成帘线强度降低,引起爆胎。

(2)检查胎面花纹深浅。随着轮胎的磨损,胎面花纹会变浅,一般在花纹的底部有一磨损极限标记,相应部位的轮胎侧面有一"▲"或"TWI"标记,一旦花纹与磨损极限标记磨平,应及时更换轮胎。

(3)检查轮胎是否偏磨。胎面花纹出现偏磨现象,表明车轮定位失准,应及时进行四轮定位检查和调整。

3)防止车辆超载

车辆超载将引起轮胎超载荷工作,轮胎变形增大,磨损加剧,胎温过高,橡胶老化加速,寿命缩短,导致爆胎,引发交通事故。

4)精心驾驶车辆

(1)缓慢起步、平稳加速,避免急加速使车轮滑转。

(2)不要超速行驶,避免胎温过高;夏季长途行车,应适当停车休息散热,决不能泼冷水降温。

(3)尽量避免紧急制动。

(4)转弯时车速不能过快。

5)轮胎定期换位

汽车行驶中各个轮胎的工作条件、承载受力、磨损程度都有差异,为使全车轮胎磨损均匀,应视情况对轮胎进行换位。对于子午线轮胎应保持换位后的滚动方向不变。

6)轮胎拆装和修补后必须进行动平衡试验。

三、任务实施

描述汽车运行材料正确使用方法并汇报。

学习测试

一、填空题

(1)汽油是按辛烷值的高低以标号来区分的,辛烷值是表示汽油抗爆性的指标;标号越高其抗爆性越好,适合于_____的发动机。

(2)性能优良的发动机油应具有润滑、冷却、_____、清洗和_____作用。

(3)汽车齿轮油用于_____、主减速器和_____中齿轮传动的润滑,其作用是减少摩擦、降低磨损、冷却零部件、缓和振动与冲击、防锈和清洗。

(4)现代汽车的车速越来越高,行驶中频繁制动。若制动液的温度高达150℃以上,则高温下制动液汽化形成气阻造成的_____将是致命的。

(5)轮胎分为_____和无内胎、普通斜交轮胎和_____,现代轿车都采用无内胎的子午线轮胎。

二、判断题

(1)柴油按冰点划分标号,冰点不高于10℃为10号柴油,冰点不高于−10℃为−10号柴油,其余类推。   (   )

(2)润滑脂的稠度等级有:000、00、0、1、2、3、4、5、6九个级别。000号最硬稠几乎成固体,6号最稀软成液态。   (   )

(3)制动液不具有吸湿性,使用中不会吸收空气中的水分。   (   )

(4)现代轿车普遍采用子午线无内胎轮胎。这是一种适应高速公路、高速轿车的新型轮胎。   (   )

三、选择题

(1)我国汽车制动液标准有JG3、JG4、JG5三个等级,分别对应美国联邦机动车辆安全标准(FWVSS)的(　　　)三个等级。

　　A. DOT-2、DOT-3、DOT-4　　　　B. DOT-3、DOT-4、DOT-5

　　C. DOT-4、DOT-5、DOT-6　　　　D. 以上都不是

(2)轮胎的扁平率,是轮胎断面(　　　)除以断面宽度得到的百分数。

　　A. 高度　　　　B. 直径　　　　C. 厚度　　　　D. 以上都不是

四、问答题

(1)描述 225/60R16 98H 规格的轮胎含义。

(2)叙述汽车制动液的使用注意事项。

(3)叙述防冻冷却液的使用注意事项。

(4)解释 API CH4/SJ SAE 15W-40 的含义。

参 考 文 献

[1] 中华人民共和国公安部. GB 7258—2017:机动车运行安全技术条件[S]. 北京:中国标准出版社,2017.

[2] 万海海. 汽车使用性能与检测[M]. 北京:中国劳动社会保障出版社,2008.

[3] 徐志军. 汽车性能与使用[M]. 北京:化学工业出版社,2010.

[4] 王维,刘建农,何光里. 汽车制动性能检测[M]. 北京:人民交通出版社,2005.

[5] 杨益明. 汽车检测设备与维修[M]. 北京:人民交通出版社,2005.

[6] 郭彬. 汽车使用性能与检测技术[M]. 西安:西安电子科技大学出版社,2007.

[7] 余志生. 汽车理论[M]. 3版. 北京:机械工业出版社,2007.

[8] 魏庆曜. 发动机与汽车理论[M]. 北京:人民交通出版社,1998.

[9] 交通部公路司. 汽车综合性能检测[M]. 上海:上海科学技术文献出版社,1999.

[10] 交通部公路司. 汽车维修质量检测员岗位培训教材[M]. 北京:科学技术文献出版社,2000.

[11] 朱福根. 汽车使用性能与检测技术[M]. 北京:北京邮电大学出版社,2008.

[12] 明平顺. 现代汽车检测技术[M]. 北京:人民交通出版社.2001.

[13] 乘用车市场信息联席会. 关于第五阶段乘用车燃料消耗量国家标准的分析[J]. 汽车与配件,2019(06):49-51.

[14] 赵虎. 国六排放标准及其实施和影响分析[J]. 汽车维护与修理,2019(11):65-67.